Johann Gottlieb Fichte (1762—1814)

Aus dem Besitz von Herrn Udo Georg von Fichte,
dem sechsten Nachkommen von J. G. Fichte.

フィヒテ研究　第28号　　目　次

2

【テクスト研究】　「新しい方法による知識学」

我々の外なる一個の理性

Eine Vernunft außer uns

勝西良典
Yoshinori KATSUNISHI

は じ め に

　本稿は，『自然法論』(1796) や『道徳論』(1798) も，はたまた 1801 年以降の知識学も知っている我々が，どうして『新方法』(1798/99)(1) で展開されている他我論を詳らかにしなければならないのかを明らかにするという大きな目標を意識しながら，小生が『新方法』の第 16 講をどのように読み解くのかを披瀝するものである．着目する概念は「我々の外なる一個の理性」である．

　他我による「促し」を自我の本質的構成契機と考える『新方法』のフィヒテは，いわゆる良心の声と他我による促しを区別できねばならない．『自然法論』や『道徳論』のフィヒテであれば，他我の代替となる現実の他者を素朴に前提するという『学者の使命』(1794) の立場をそのまま踏襲することもできたであろうが，『新方法』のフィヒテは，「応答する自我」，もっていねいに表現するなら，他なるものの呼びかけに応答することによってはじめて「自我」の名に値する自由な主体として自己自身のことを構成できる理性的存在者という概念を，知の遂行主体の自己理解を発生論的に深化させるという知識学の方法によって確立しなければならない．

　ここで「他なるもの」の内在性を強調し，強固な自我論を構成しようとするならば，「他なるものの呼びかけ」＝他我の促しは容易に「良心の声」に変ずるだろう．逆に，「他なるもの」の超越性を強調し，「他なるもの」から隔絶した自我にはもはや「自我」の名に値するステイタスは認められないことを主張するなら，「他なるもの」のことを「絶対的なもの」と呼ぶしかなくなるだろう．

　こうした解釈上の難所は，宗教哲学的な視角からフィヒテの思想を読み解こうとする者からすれば，「イエス＝キリスト論」の亜流が埋まっている場所と映るかも知れないし，社会哲学的な期待からすれば，「他なるもの」の他者性を「私」とは独立の他なる人格として強固に位置づけるチャンスがここにあるということになるだろう．カントの「目的の国」よりもフィヒテの「理性の国」の方が他者との共生の論理を支えてくれるのかどうか検証したり，ヘーゲルに代表される承認論とフィヒテの促し論の距離を見定めたりする課題がここから立ち上がってくるだろう．

　以上で述べたような，小生の安物の見取り図が維持できるのか明らかにするために，やがては，直前で述べたような，先人たちの社会哲学的努力を検証するために，まずはテクスト研究という性格に鑑み，文字になっている講義ノートを愚直に読むことに徹したい．これが本稿のスタンスである．

1　前提の確認

　『基礎』（1794/95）のテーゼが，自我と非我の分節も含めて世界の分節は根源的自我の分節であるという事行のテーゼであるのに対し，『新方法』のテーゼは世界の分節化の歴史は純粋意志の多様な自己規定のプロセスであるというものである．意志行為の実践を通じて意識の事実を全面的に開示することによって同時に世界の分節化も全面的に開示しようとする後者の立場においては，感性界で実現している諸事象は，可想的でもある理性的存在者の諸目的の現実化として可想的意味において理解されねばならないし，私の意志行為を理性的法則の体系に適ったものとして決定するという私の自律的ふるまいが，可想的な生き方の選択肢から自分の生き方を自由に選びとることとして意味づけられるだけでなく，他の理性的存在者からの促しに対する自由な応答であると同時に他の理性的存在者に対して自由応答を促すものとして意味づけられねばならない．そして以上のような理解が随伴できる自我理解を構成する自我のふるまいが，場当たり的なものではなく一個の自我を形成する統一的・法則的なものであるためには，換言すれば自我に一定の方向を指し示す自己決定となるため

には，自我の観念的活動と実在的活動の綜合において理解される「べし」は，純粋なものであれ経験的なものであれ，法則に従うよう要請されているという意識＝感情として自我に対して与えられてもいなければならない．以上が他律的ではなく自律的だと言いうるために，私とは別の理性的存在者すなわち他我からの促しはいかなる位置づけを受けるべきなのかを明らかにすることが今回の課題となる．

2 知識学の出発点に埋め込まれた促し

今回の課題に取り組む前に，一つ確認しておきたい．それは，「促し」という概念が知識学の出発点に埋め込まれているということである．それは「要請」という概念に隠れるかたちで，ほぼ同じ意味で使われている．理論的場面では事柄が要請するとか論理が論理に対しとか理性が理性に対しという語り口で済まされるかも知れないが，観念的活動と実践的活動の綜合において展開される「新しい方法」においては何が何にということが問題にならざるを得ない．

哲学も知識学も要請から出発する（GA IV/3, 344）．知識学の要請は「自我概念を構想し，それがいかなる手順でなされるかに注意せよ」（GA IV/3, 349）というものであり，「この促しに従って要求されたことをなす者は自己を活動するものとして見出し，かつ自らの活動性を活動するもの自身に向けられたものとして見出す」（ibid. 傍点引用者）．知識学はまずもって一個の自我を立て，この自我を自我固有の諸法則に従って行為させ，そうして世界を構成させる（GA IV/3, 344）．「他の者に哲学を講義する者はこの行為をやるように促さなければならないし，したがって要請しなければならない」（ibid. 傍点引用者）．知識学は知識学自体，あるいは知識学を講ずる先達から促されることによって始まる．

人は自由な選択を通じて，しかも原事実として意識を持つ（GA IV/3, 330）ことから主体的な意味で必然的に知識学を開始する．このような自由な活動の端緒に要請なり促しが位置づけられていることの意味は何なのか．促しという契機がなかったとすると，人は自力で知識学を開始できることが強調され，自律の側面が強化されるように思われるかも知れない．逆に促しの契機が入ってく

ると，相互主観性の話になり，強固な自我論を構成することができなくなると思われるかも知れない．しかしながら，知識学を開始するためには知識学を開始していない状況から知識学を遂行している状況へと移行しなければならず，この移行が恣意的でない自由な意志決定による移行として理解されるためには多様な感情が引き起こす自己分裂を通過しなければならないのだから，自己分裂を解消して正しい選択がなされた場合には自己の自由な選択が遂行されたのだと語れるにせよ，一度は分裂している自己の外部という視点が開かれ，そこから規範的・統一的視点を回復するという手順を踏むことが必要になってくる．したがって，このような自己融解からの回復を自己の行為として遂行するためにこそ，「促し」に対する応答として個人の意志決定を考えることになるという理解は十分成立しうる．この点に留意しながら，次に第16講の愚直な読解を試みたい．

3　第16講の読解──テクストに沿いながら──

　第15講で最終的に，「意志の根源的被制限性」について，「自分の意志を自ら制限するという自我にとっての課題」だというさらに高次の理解が示された後，この課題の自我に対する与えられ方，すなわち経験的意識におけるこの課題の特殊な告知のされ方の解明に向けて，〈この課題を要求してくると同時に，それを把捉するとはじめて第一の目的概念が可能になるような感情と直観を発生させる概念〉が考察の対象として設定される（GA IV/3, 465）．そして，この概念の対象が自我の外のものであるときには「自分の意志を自ら制限する」ことにはならないことから，この概念の考察が意志としての意識の出発点となる思考にならねばならないことを踏まえて，「あらゆる意識は，もっぱら可想的でしかないものの思考から始まる」と言われる（ibid.）．

　第16講の冒頭では，この思考において，可想的でしかないものにおける質料的なものに関する問いと，形式的なものに関する問いという二つの問いが提起されるが，前者の問いの答えが「我々の外なる一個の理性的存在者」（ibid.）になることについて後に証明されることが告知された後，まずは後者の形式的

なものに関する問いが扱われる．多様な表象を「継起的諸表象の系列」(ibid.)として可能にする「自己意識」がどのようにして課題を遂行する意識として発生するのかを見届けるのが第一段階となる (GA IV/3, 466).

　制限されているという意識は，何かができない，何かをしてはいけない，何かを望めないという意識である．しかしながら，ここで否定されている事柄が客体となるためには，この事柄が肯定的に措定されていなければならない．ここで問題になっている純粋意志の場面ではなく，純粋意志とは対立する経験的意志の場面で考えるなら，誰かが話しているから，話すのはやめておこう，今はその話を聴こうというように，否定的な事柄について外的強制ではなく自分で意志することはできる．この水準の話は，第 15 講の問題である (GA IV/3, 463)．第 16 講のこの箇所 (GA IV/3, 466) で述べられているのは，純粋意志の根源的被制限性において「現実的な肯定的意欲」が伴っていなければならないこと，すなわち，このような根源的被制限性があるところには現実の行為を引き起こす「経験的な意欲」が伴っていなければならないことである．ここではあくまで形式の話をしているので，その事柄が何であれ，何かをしたりしなかったりという行為がなければならないと言われているのである (vgl. GA IV/3, 469)．こうして，第 16 講では，目的概念と意欲の循環に関する最終的な回答が与えられるのである．

　ここでまず確認しておかねばならないのは，「内的な模倣」だけで行為や「経験的な意欲」が伴わないのであれば単に制限されているという意識しか発生しないので，客観的認識，先の例で言えば，「誰かが話している」という感性的認識しか発生しないということである．これは，ここで求められている根源的被制限性のレベルの話ではない．自由な存在者である私のあらゆる認識は，「私の意志によって規定可能なもの」(GA IV/3, 466) として考えることができねばならないのであり，結論として，「あらゆる意識の最初の瞬間において認識されたものは必然的に自由な意志による選択の客体とみなされる」(ibid.) のである．つまり，選択の客体の現実性は，自由な意志である自我の選択にかかっているという意識が随伴しなければならないのである．この意識は経験的レベ

ルにおいて現に黙って話を聴くこと，あるいは逆に，自分が話を聴いてもらうことの可能性の制約としてア・プリオリなものである．多様なものの認識は自由な意志にとっての規定可能なものの認識と等価のものとして，自我に根源的に与えられている（GA IV/3, 467）．こうして多様なものの認識と意志の選択にとっての規定可能なものの認識が結びつけられることにより，目的概念の質料である意志の客体が経験的認識なしに到来できるようになる．ところで，「あらゆる意識の最初の瞬間」においては，意志の客体はそれ自身意志でなければならない．したがって，自由な意志の客体は自由な意志であり，これが多様な在り方をするという構造が成立していなければならず，しかも自由な意志の目的が自由な意志になることでなければならないという構造も同時に成立していなければならない．

　以上の思想が現実の意識となるためには，何か一つの意志を実際に選択することによって規定された意志が現実に意識されて，一個の独特な意志が成立していなければならない．或る規定可能な意志として他の規定可能な意志と横並びに留まっている意志というのは抽象的な意志であり，これは意識の端緒には可能ではない．私の意志によって規定可能な意志は，独特の個別的なこの意志として成立しなければならない．「経験的な意欲は規定可能性から規定性への移行として現出するのであり，私の全本質を唯一の点に完全に収斂させることによって性格づけられる」（ibid.）．ここには多から一を選択するというふるまいが随伴しているのだから，盲目的な意志ではなく，熟慮する意志でなければならない．意志によって規定可能なものと意志によって規定されたものの合一は，選択と意欲，そして意欲と熟慮を同一のものの二観点として可能にするのである．

　ところで，以上のような思想を生み出した思考は「対立するものの間で浮動する」ものでもあるので（ibid.），今しがた結合された〈思考と意欲〉及び〈規定可能性と規定性〉を分節化し，経験的な意欲とも見なせる純粋な意欲のことを，経験的な側面から見て再び規定可能性から規定性への移行として理解することができる．そうすると，可想的なものの形式面は，思考にとっての規定可

能性と規定性，意欲にとっての規定可能性と規定性という四つの項を含むことになり，思考と意欲の関係は，思考が意欲の規定可能性であることから，思考⁽⁴⁾が経験的能力の第一の勢位(ポテンツ)で，意欲が第二の勢位となる.

　このような分節の観点から経験的能力の活動性を反省的に捉えることができるなら，すなわち，経験的な意欲と純粋な意欲を区別し経験的な意識の側からふり返って概念把握するなら，分節化されたすべてのものの綜合であるところの可想的なものの全体は，私を制限する個体性によって三つの位相(グラート)に分かれたかたちで概念的に規定される（GA IV/3, 467f.）. ①純粋意志，理性全体の絶対性，理性の国の絶対性. これは「最高の規定可能なもの」である（GA IV/3, 468）. ②個体性. これによって第一の位相について何かが把捉されることを通して第一の位相が再び規定される（ibid.）. 第一の位相について単独で規定されるとフィヒテは述べていないが，個体性による規定が再規定，すなわち第一の位相の反省による規定とされていることから，この再規定によって自己意識が成立するのだと考えられる. こうして成立する個体性（vgl. GA IV/2, 176）こそが純粋意志の自己意識である. このようにして規定された個体性が個々の意識規定ないし具体的・現実的な意志行為からすると規定可能なものであるということが概念把握されることによって，③一個の規定された意志すなわち経験的意欲が理解される（GA IV/3, 468）. そして，この第三の位相まですべて純粋な意欲一般に対してなされる反省ないし反省の産物だとフィヒテは言う（ibid.）.

　このような反省の可能性を明確にすべく，フィヒテは，第一の勢位である思考によって観念的活動を行う認識が第二の勢位である意欲なしには可能ではないということはいかなる思考によって成立するのかと問う. フィヒテの回答は，実在的活動の開始点を明確にする観念的活動が意欲という実在的活動によってはじめて規定可能になるという概念理解が形成される場合，別言するなら，自由な活動をしようと意欲するものだけが純粋意志という可想的なものを先の三位相によって自由な活動の構造分析として概念把握する場合，すなわち個体的自我が自由な活動の主体だという自覚を持つことによって自由な活動の主体となって活動する場合に他ならない，というものである. ここに含まれている自

己認識を「自分の意志を自ら制限するという自我にとっての課題」として概念把握するためには，「自由な活動への促しの概念」(ibid.) が不可欠であると，否，このような概念把握こそが「自由な活動への促し」という概念だとフィヒテは言う．純粋意志という「最高の規定可能なもの」から個体性へと移行し，さらにそこから個体的な経験的意欲へと移行することによって感性界の主体となるのはあくまで個体的な自我の主体的な自己構成によるのだとしても，この自己構成を理性全体の絶対性や理性の国の絶対性とも呼びうるものからの移行として概念把握しながら，しかもそれを他律ではなく自由な移行と理解するためには，自分が自由な活動へと促されているという意識が個体的な自我自身に随伴していると考えざるを得ないからである．

　GA IV/3, 468 の最後のパラグラフの内容を確認しておこう．根底にあるのはあくまで「最高の規定可能なもの」である純粋意志であって経験的意欲ではない．だからと言って，根底にあるものを理性一般や理性の国の絶対性だと考えてはならない．なぜなら，理性一般であればそれなりにわかった気になれるかも知れないが，理性の国の絶対性はこの段階に至っても理解されていないからである．さらに言えば，それでも私が先の課題を理解できるようになるためには私のことを個体だと認識できねばならないからであり，第二の位相，すなわち〈私は理性存在全体あるいは理性的存在一般という集合から自分自身によって摑み出される一部，すなわち人格（人間）である〉という理解が生成しなければならないからである．より抽象的に表現するなら，人格としての自己性の概念は高次の広い領域からその一部として摑み出されるという理解が自己意識にとって不可欠だということである．個体的自我である私はこのようにして自己の外部を措定する．この外部は絶対的なものとしては私には理解できないが，この外部を私と呼ぶことはできないので，感性界においては私の外部の空間を占めながら理性的存在と呼べるものとして意識に割り振られる他はない．したがって，私が占める空間以外の空間ないしその一部が「私と同類の別の理性的存在者」の候補として措定される．この措定は経験的なものなので空間指定に失敗するかも知れないが，私の外のどこかの空間が，私が摑み出さなかった理

性的なものの座とならねばならない．このような必然性は私に対してのみ現出する．感性的な話に限定するなら，私は自由な存在として，原理的にはどの空間を占めることもできるが，それでもその時々には一定の空間しか占めることができない．このことを行為との関連で考えるなら，個体性の位相では，「私は私を或ることができなかったり許されなかったりするものとして見出す」ということになる．このような制限を自律と理解するためには，できなかったり許されなかったりしたことをあえてやろうと思えばできること，そして，この自覚を起点にして自由な自己決定が実際に促されており，この促しに答えて実際に自由に何らかの行動を取ることができることが必要となる．このような促しが自作自演であったなら，自由な移行と必然的な移行を区別できなくなり，必然性の頸木を知ることによって自由となるスピノザ主義となるだろう．そうではなく自律だと言うためには，個体的自我である私はこの促しを私とは異なる他の個体的自我すなわち他我からのものだと理解し，この理解に沿ってこの促しに応答するかたちで自らが自由な意欲となって自由な行動を開始するよう，自らを促さねばならないだろう．自分を自由な存在へと促すことが他我からの促しの反復だという理解が随伴している限りにおいて，意志の自己制限は自律的な自己制限となる(6)．

　この促しに応答することは，この促しに応えるのか反発するのかを選択すること，すなわち選択の自由を行使することである．否定的に行動するのだとしても，その目的は促しにおいて与えられるのであり，孤立した個体的自我が孤立したままで産出するものではない．個体的な自我は孤立したままでは目的を欠くのであり，目的を欠いたままでは「純粋意志の自由な自己制限」の物語を可想的にすら紡ぐことはできない．個体的自我は「欠如」(マンゲル)(GA IV/3, 469) を抱え持つのである．この欠如は個体的な自我にとって絶対的に埋めなければならない本質的な欠如であり，個体的自我は，このような欠如を自ら措定することによってこの自我の外部を措定するとともに，この外部からの促しを自己の自由な本質の構成要素として受け入れるための通路を設けることになる．個体的自我の端緒となる促しを届けてくるものは「概念把握されないさらに高次の一個

の存在」(ibid.) であり，これは想定されるしかない．個体的自我は，想定されるしかない暗がりを自己の本質的契機とすることによってはじめて存在できるのである．

　最後に，末尾に置かれた概要の，他の手稿にはない但し書きに言及しておく．「この促しは我々以外の特定の個人ではなく我々の外なる一個の理性に端を発するものとして現出する」(ibid.)．促してくるのは特定の個人でも任意の個人でもなく「一個の理性」，すなわち「概念把握されないさらに高次の一個の存在」だというのである．他なるものからの促しは，感性界のレベルでは他の理性的存在者，すなわち他我の声として知覚されるだろう．しかしながら，一個の理性を私の身体と別の空間を占める人形（ひとがた）に規定する根拠を個体的な自我は持たない．理性全体の絶対性や理性の国の絶対性というさらに高次のものは，個体的自我の自己意識の根底にあるものではない（GA IV/3, 468）が，それでもこの自由な主体が自由な主体として存立できるためには，自己に還元できない高次の存在との関係を想定せざるを得ない．但しこの関係は，現実の意識としては個体としての他者を媒介とすることが必要条件となる．なぜなら，現実的意識においてはこの高次のものの空間における座を必要とするからである．身体を持つことによって感性的空間内の限定された場所を行為者として占める私は，自己の身体を自己の意志として理解する限り，知覚された他者の身体から類推される他なる理性を自己のものとして回収することはできない．さもないと自己制限を可能にする第一の目的概念が与えられず，自我の自己制限の物語が破綻するからである．これは私の思想に過ぎないが，私がこの思想を生きることによって他者が不可侵のものとして保存されると同時に，このふるまい自体が他者に対する私の根源的促しとなり，概念把握されない不可思議な他者の現出の可能根拠となる．これは『自然法論』(GA I/3, 347f.) の基盤となるが，自我の欠如を絶対的なものとの応答関係の通路とする自我理解は，間主観性の議論ではない．

　この枠組みで，個体的自我は可能的自我像の集合という個人の生き方の幅を理解し，自分のことを有限的可塑性のもとで理解できるようになる．また，こ

の選択肢が個体的自我にとっては有限の量しか認識できないことを自覚することにより，自分の生き方の幅が無限の生き方の幅（無限の可塑性）の一部であることが自覚できるようになり，生き方の幅を広げていけるようになる．さらに，他者の不可解な生き方が理性的な生き方の一種である可能性を想定することにより，個体における有限的可塑性が多様であることが理解できるであろう．

　このような理解を支えている高次の存在の現出先が人形（ひとがた）に限定されることをフィヒテは示せていないのだから，我々を促すものを人間に限定することは，理論的にはできない．したがって，『自然法論』の人間関係を自然一般との関係に拡張することは可能だろう．また，人間としての他我から絶対的なものへと至るルートは閉じていないのだから，ここからイエス＝キリスト論を展開することは可能だし，絶対的なものからの直接の促しを考えるなら，聖霊論も可能になるだろう．これらの接続法II式を直説法にするには，個体の根底にあるとは言えない絶対性と個体的な自我の関係を解明する，これ以降の知識学を待たねばならない．

注

(1) 『クラウゼ手稿』を基本に，『ハレ手稿』を適宜参照した．

(2) 『ハレ手稿』を底本にした藤澤賢一郎訳の並行箇所では，アカデミー版の事項索引に載っていないこと（GA IV/2, 322f.）も踏まえてか，「求め」と軽く訳されている（『フィヒテ全集　第7巻』哲書房，1999年，28頁．GA IV/2, 32）が，ここでは強く読む．ちなみに，『クラウゼ手稿』の方は事項索引に載っている（GA IV/3, 552）．

(3) Vgl. GA IV/3, 467.「すでに始まってしまった意識が進行する中で，規定可能なものが考えられてはいるもののそこから選択されることはないということは起こり得るが，意識の始まりに当たっては，そのような抽象は可能ではない」．

(4) 『ハレ手稿』では四項のうちの二つの規定性について，思考の方が「未完の規定性」で，意欲の方が「完了した規定性」だとされているが，そこには思考が経験的意欲の規定可能性であるという理解が反映している（GA IV/2, 175）．

(5) 後で述べるように，この人格（ペルソナ）を人間に限定する根拠は示されていない．

(6) 「私が持つことのできる最初の表象は，個体としての私が自由に意欲するよう促されていることである」（GA IV/3, 468）．

【テクスト研究】　「新しい方法による知識学」

『新しい方法による知識学』における純粋意志と促しの総合
Die Synthese von reinem Willen und Aufforderung in Fichtes
Wissenschaftslehre nova methodo

櫻井真文

Masafumi SAKURAI

はじめに

　フィヒテは『新しい方法による知識学（*Wissenschaftslehre nova methodo*）』(1798/99 年，以下『新方法』と略記)の「第 13 講」から「第 16 講」にかけて意志論を初めて体系的に構築し，思惟と意志の「二重性」が自我のア・プリオリな根本構造であることを明らかにした．自我は，自己を「純粋意志 (der reine Wille」(GA IV/3, 439) の主体として根源的に思惟する存在者であるとともに，自由の実現を目指す存在者である．自我は純粋意志を反省することで，一切の経験的制約に依拠することのない「絶対的自由」への方向性を意識するのである．とはいえ純粋意志への反省は，自由の意識を産み出すだけではない．『新方法』の意志論では，自由の意識が，他者からの「促し (Aufforderung)」(GA IV/3, 468) の意識を伴うことが強調されている．自我は自由を意識する際，自由な行為へ促されているという意識をもつのであり，促す主体としての「私たちの外の理性的存在者」を想定するのである．それでは，自我は自己原因的な行為主体なのか，それとも，自己の外の存在者からの促しを原因として，自由な行為を不可避的に遂行する存在者なのか．このような問題意識を背景にして，『新方法』の意志論では，純粋意志に基づく自由の意識と，促しの意識との総合可能性が検討される．その際，フィヒテは理性的且つ感性的な存在者としての「個人」の役割に焦点を当て，純粋意志と促しの総合が，「選択意志の自由 (Freiheit der Willkür)」(GA IV/3, 452) に依拠することを主張する．フィヒテに従えば，純粋

意志の感性化を遂行する個人とは，絶対的自由への方向性と他者からの促しの双方を反省的に捉え直すという仕方で，行為の規範と限界領域を把握し，その把握に基づき特定の行為を自ら選択する存在者なのである．

　以上の基本構図を踏まえて，論考は次の手順で行う．まず『新方法』の意志論の中心概念である，「純粋意志」の特徴を解明する．次に，純粋意志を反省する際に生じる，「促し」の意識について理解を深める．最後に，純粋意志と促しの総合が，個人の選択意志を通じて初めて可能になることを究明する．

1　純粋意志の特徴

　『新方法』の意志論は，自我における客観認識と実践的行為との「循環（Zirkel）」（GA IV/3, 435）を一段掘り下げるという文脈において登場する．自我が行為するためには，行為に先立ち，その行為の客観である「目的概念（Zweckbegriff）」（GA IV/3, 435）を認識している必要がある．他方で，自我が目的概念を認識するためには，その客観認識に先立ち，実際に何らかの行為をしている必要がある．この循環関係は，自我における認識と行為の分離不可能性を示すものではあるが，『新方法』の中心的問いである，「意識はいかにして可能なのか」（GA IV/3, 435）への応答としては十分ではない．そもそも自我の意識はどこから出発するのか．フィヒテは「第13講」で意識の出発点を自我の根源的な欲求能力の内に探し求め，ア・プリオリな「純粋意志」を演繹することを通じて，認識と行為の循環の解決を試みる．それでは純粋意志とはいかなる能力なのか．フィヒテに従えば，純粋意志は始発作用の絶対性，自由という目的への方向性，反省可能性，という三つの根本特徴をもつ能力である．これらの根本特徴について，本節では順を追って説明していくことにする．

　まずフィヒテは純粋意志を，「絶対的に始める能力」（GA IV/3, 437）として定義する．自我は純粋意志を通じて，何らかの変化を絶対的に引き起こす．その純粋意志は，経験的制約に依拠して生じるものでもなければ，外的客観によって触発されるものでもない．むしろ自我は純粋意志の自己触発を通じて，客観への関係性を初めて獲得する．すなわち純粋意志の規定根拠は客観の内にはな

く，意志自身の内に存するのである．それゆえ自我は，純粋意志の主体として
は，自然因果関係に組み込まれることなしに，自然因果関係に自ら影響を与え
るという「超越論的自由」をもつ．フィヒテに従えば，純粋意志とは経験的な
「客観認識を前提しない意志作用」(GA IV/3, 439) であり，新たな変化を自ら自
身で引き起こす，自我の実践的能力なのである．

　ただし，純粋意志は一切の客観認識を前提せずに働くものでもなければ，単
に変化を引き起こすことだけを目的とするものでもない．フィヒテが『新方
法』で強調するのは，「絶対的に始める能力は，その限定された方向をもつ」
(GA IV/3, 437) ということである．純粋意志は，その始点に関して言えば，行為
を開始する超越論的自由をもつ一方，その終点に関して言えば，特定の目的へ
方向づけられているという点で制限されている．それでは純粋意志は，いかな
る目的により制限されているのか．フィヒテに沿ってこの問いに答えるならば，
純粋意志が向かう目的とは自我に根源的に課せられる「最初の目的概念 (der
erste Zweckbegriff)」(GA IV/3, 469) であり，その目的の内容は，一切の経験的制
約からの絶対的自由である．純粋意志の主体としての自我は，経験的制約に依
拠することなく絶対的自由を実現すべし，というア・プリオリな要求を認識し
ている．すなわち，純粋意志は「根源的な目的概念」(GA IV/3, 448) の統制下に
あるものとして，絶対的自由への方向性という特徴を備えている．それゆえ
『新方法』で論じられている「純粋意志」は，なんら方向性をもたないような，
場当たり的で盲目的な欲求能力のことではない．むしろフィヒテは純粋意志を，
絶対的自由という目的を「すでに携えている」(GA IV/3, 439)，自我の叡知的に
して実践的な欲求能力として特徴づけるのである．

　以上より，自我における客観認識と実践的行為との循環関係の出発点が純粋
意志であること，ただし純粋意志において自己触発と目的認識の協働関係がす
でに存していることが確認された．フィヒテが『新方法』で企図する循環の解
決とは，実践的行為に対する客観認識の先行性を主張することでもなければ，
理論的なものに対する実践的なものの優位を唱えることでもない．むしろフィ
ヒテは純粋意志と最初の目的概念との「根源的二重性 (die ursprüngliche

Duplizität)」(GA IV/3, 475)[(2)] を論証し，認識と行為の循環を「不可避の循環」[(3)] として容認するという仕方で，循環関係を正当化している．フィヒテは，絶対的自由への方向性をもつ純粋意志を形而上学的に演繹することで，意識の根源への更なる遡及的探究を一旦打ち止めるのである．実際『新方法』の意志論の後半では，純粋意志を出発点として行為意識の成立を超越論的に演繹するという，意識の生成論的解明に焦点が移されていく．この生成論的解明において，純粋意志の第三の根本特徴である，反省可能性が言及されることになる．

　フィヒテは『新方法』の「第14講」で，純粋意志が「反省 (Reflexion)」(GA IV/3, 451) を通じて意識に現れることを明示する．有限的な理性的存在者としての自我は，純粋意志に自動的に駆り立てられる存在者でもなければ，純粋意志に盲目的に従う存在者でもない．なぜなら自我は純粋意志を反省することで，純粋意志から冷静に距離をとることができるからであり，絶対的自由への方向性を相対化できるからである．自我は純粋意志を自覚する存在者である．フィヒテに従えば，この反省は「絶対的に自由である．この反省の絶対的自由は，まさに超感性的なものである」(GA IV/3, 451)．すなわち，純粋意志への反省は，自然必然性の因果系列に従って起こるものではない．むしろこの反省は絶対的に生じるものであり，この反省の結果，純粋意志の要求が一旦せき止められ，絶対的自由への方向性が明瞭に意識されるのである．「ここで私たちは意識の真なる成立地点を獲得した．それは反省の自由である」(GA IV/3, 452)．

　とはいえ，純粋意志への反省は，自由の意識をもたらすだけではない．『新方法』では，この同じ反省が「自由な活動への促し (die Aufforderung zur freien Tätigkeit)」(GA IV/3, 468) の意識を産み出すことが指摘されている．絶対的自由への方向性を意識する自我は，自由へ促されているという，制限性を意識する存在者でもある．それでは純粋意志の反省から，いかなる促しの意識が生じるのか．次節では『新方法』の「促し」概念について検討を進めることにする．

2　促しの意識

　『新方法』の「第16講」では，純粋意志を反省するという事態が，改めて分

節化される．純粋意志への反省は，自由の意識のみならず，「不可能の意識 (Bewußtsein eines Nichtkönnens)」(GA IV/3, 465) も産み出す．なぜなら，純粋意志はその根本特徴からして，絶対的自由への方向性という意味での制限性をすでに含んでいるからである．制限性という側面に着目して，自我が純粋意志を反省する際，その制限性は「自由への促し」(GA IV/3, 468) として意識に現れ，絶対的自由の意識に制約が課されることになる．促しを意識する自我は，たしかに行為を絶対的に開始する自由をもつものの，あらゆる行為を開始する自由をもつわけではない．むしろ自我は「自由に行為せよ」という促しを意識することを通じて，自らが実現できない行為の可能性を捉えるとともに，「自己自身を制限するという課題」(GA IV/3, 469) を把握する．自我は促しの意識を通じて，自らの行為の限界領域を把握するのであり，自己に固有の「個体性 (Individualität)」(GA IV/3, 468) を認識するのである．

　とはいえ，自我が自己を特定の「個人 (Individuum)」(GA IV/3, 468) として認識するためには，個人へ限定される以前の「最高度に限定可能なもの」(GA IV/3, 468) を認識している必要がある．自我は自己以外のものとの区別を通じて初めて，その個体性を認識できるからである．それでは個体性の前段階とは何か．ここまでの論証に従えば，個体性の前段階に相当するものは，意識の出発点としての純粋意志である．しかしフィヒテは「第16講」で純粋意志の起源をさらに一段掘り下げて考察し，純粋意志が，各理性的存在者がその一員を構成する「理性の国 (Vernunftreich)」(GA IV/3, 468) の意志であることを明らかにする．フィヒテに従えば，自我が純粋意志の反省を開始する際，そこでは自己と同様に純粋意志をもつ「私たちの外の理性的存在者 (ein vernünftiges Wesen außer uns)」(GA IV/3, 465) が想定されている．したがって，純粋意志を反省するということは，自己を理性の国の一員として捉え直すことに他ならない．「私は諸々の理性的存在者から，自己自身によって選出された一部である」(GA IV/3, 468)．つまり，他者の想定は自己意識の可能性の制約なのである．[4]

　以上より，自我は純粋意志の反省を通じて，自由な行為へ促されているという制限性の意識をもつこと，反省を開始する際には，他の理性的存在者を想定

していることが確認された．ここから，自我は誰から促されているのか，という問いへの回答が導き出される．フィヒテに従えば，自我を促す主体は，自己以外の理性的存在者に他ならない．「促しは，私と同等の他の理性的存在者に由来すると判断される」（GA IV/3, 468）．自我とは，他の理性的存在者からの促しを意識する存在者である．ただし注意しておく必要があるのは，この「促し」関係において，自我に対する具体的な他者の存在の先行性が主張されているわけではない，ということである．フィヒテが『新方法』の他者の演繹において強調するのは，自我は促しを意識することで初めて，叡知的な他者の想定に至るということである．「私以外の理性的存在者の理性と自由意志を，私は知覚しない．私はそれらを，感性界における現象から推論するしかない．それゆえ，他の理性的存在者は，感性界に属するものではなく，叡知界に属するものであり，本体（Noumenon）の世界に属するものである」（GA IV/3, 445f.）．自我が自由への促しの意識において捉える他者とは，経験的世界で遭遇するような具体的他者のことではない．むしろ意識の出発点において自我を促す他者とは，自我が促しの主体を思惟することで初めて遭遇可能な叡知的他者なのである．

　さらに言えば，ここでの叡知的他者は常に自我の思惟と関係づけられた他者であるという点で，それは，自我から独立して存在するような絶対的な他者でもありえない．G. Zöller の解釈を採用するならば，「促しは本来的には，主観の外に由来する呼びかけではなく，そのような仕方で促されているとして自己を理解する，主観の思想に過ぎ・な・い(5)」．すなわち，促しの意識における他者は，自我がその思惟を通じて捉える限りでの叡知的他者であり，自我にとって完全に異種的な存在者ではない．促しは，「私と同等の他の理性的存在者（ein anderes vernünftiges Wesen meinesgleichen）」（GA IV/3, 468）からの促しである．自我は純粋意志を反省する際，自己に似てはいるものの自己とは区別される叡知的存在者を想定し，この他者からの促しを意識するという仕方で，自らの行為の限界領域を把握するのである．それでは純粋意志の反省から帰結する，絶対的自由を自ら実現するという意識と，叡知的他者により促されているという制限性の意識は，個人の行為においていかに総合されるのか．

3　選択意志を媒介とした純粋意志と促しの総合

　フィヒテは『新方法』の「第 14 講」以降，自我の欲求能力に由来する絶対的
自由の意識と，自己以外の叡知的他者からの促しの意識が，個人の行為の成立
に与える影響を主として検討する．さしあたり確認しておくべきは，知識学が
自我の行為の成立根拠を，自らの外にあるとされる「物自体」(GA IV/3, 333) の
内には認めないということである．フィヒテは『新方法』の講義冒頭の「第一
序論」において，物自体の原因性を主張する独断論を明確に退けている．もし
物自体が自我の行為の原因であるとするならば，その自我は物自体に従属する
存在者であり，自由な行為主体たりえないからである．「独断論者は自由の欠
如から出発し，自由の欠如でもって終わる」(GA IV/3, 333)．このような「物自
体」への否定的評価を踏まえる限り，フィヒテが個人の行為の成立根拠を，自
己以外の叡知的存在者からの促しの内に認めているとは考え難い．促す他者の
想定は，自己意識の可能性の「制約」ではあるものの，その叡知的他者に対し
て，行為の成立根拠という地位は付与されるべきではない．それでは個人は自
由な行為主体として，他者の促しといかなる関係の下にあるのか．

　フィヒテは個人の「選択意志」(GA IV/3, 452) の役割に着目しつつ，個人は促
しに対して自由に応答可能であることを主張する．『新方法』に従えば，選択
意志は「分散した努力の一点への集中」(GA IV/3, 423) の能力である．個人は選
択意志を介して，行為の多様な可能性の中から一つを選択することにより，特
定の行為を実現するに至る．すなわち，選択意志とは行為の実現を左右する，
個人の「決意 (Entschluß)」(GA IV/3, 423) の能力なのである．ただしフィヒテ
の場合，決意は常に「熟慮 (deliberieren)」(GA IV/3, 467) に基づくものであり，
自覚的に遂行されるものである．それゆえ個人は，叡知的他者からの「自由に
行為せよ」という促しを受けたとしても，その促しに盲従することはない．む
しろ選択意志の主体としての個人とは，自由への促しから一旦距離をとり，理
性の国の一員であることを踏まえつつ自らの行為の限界領域を改めて構想する
という仕方で，促しに対して自由に応答する存在者なのである．

　以上より，個人の行為の成立根拠は，他者の内にではなく当の個人の内に存

すること，一層精確に表現すれば，叡知的他者からの促しを行為意識の可能性
の制約として自ら取り込む，個人の「選択意志」であることが確認された．フ
ィヒテは『新方法』の意志論において，選択意志をもつ個人は促しを反省的に
捉え直すことができる，という構図を打ち出したのである[6].「かの自由な反省は，
たしかに選択意志の自由，ないし選択の自由（Freiheit der Wahl）と呼ばれるも
のである」（GA IV/3, 452）．とはいえ個人は選択意志を介して，促しのみならず
純粋意志の要求もまた反省することが可能であり，後者の反省では，絶対的自
由への方向性が行為意識の可能性の制約として取り込まれることになる．それ
では，絶対的自由の意識は，行為の成立にいかなる影響をもたらすのか．

　フィヒテに従えば，選択意志をもつ個人は純粋意志を反省することで，絶対
的自由への方向性を「定言命法（der kategorische Imperativ）」（GA IV/3, 440）とし
て意識する．この定言命法は，個人にとって，自己の内なる純粋意志からの
「絶対的要求（das absolute Fordern）」（GA IV/3, 440）であるため，自己の外からの
制限性を意味するものではない．むしろ純粋意志の定言命法は，個人が選択意
志を介して行為の多様な可能性の中から特定の行為を選択する際，その選択に
一定の方向を与える「規範」として機能する[7]．純粋意志を感性化する個人とは，
可能的行為の中から特定の行為を単に「無差別的に」選択する存在者ではあり
えず，絶対的自由の実現という内的規範の下で，その規範に最も相応しい行為
を自覚的に選び取る存在者なのである．それゆえ『新方法』の意志論では，『あ
らゆる啓示の批判の試み』[8]以来の問題であった，純粋意志の「絶対的自由」と
個人の「選択意志の自由」の連関規定について一定の回答が与えられている．
純粋意志の絶対的自由の意識は，選択意志の自由の意識に先行しつつ，選択を
方向づけるア・プリオリな規範として，選択意志を制約するものである．フィ
ヒテは『新方法』の意志論において，純粋意志と選択意志を明確に区別したう
えで，純粋意志に基づく絶対的自由への要求が，選択意志の自由に対する，規
範的かつ根源的な制約であることを明示したのである．

　ただし，この絶対的自由の規範的意識に対しても，行為の成立根拠という地
位は認められるべきではない．もし規範的意識が行為を自動的に成立せしめる

場合には，個人が特定の行為を自覚的に選択することが不可能となり，「選択意志の自由」が廃棄され，知識学が叡知的宿命論に変貌してしまうからである[9]．むしろフィヒテが『新方法』の意志論で論証したのは，純粋意志による絶対的自由のア・プリオリな要求，ならびに叡知的他者からの促しが，あくまで個人の行為の可能性の「制約」に留まるということであり，個人が諸制約を総合して行為を成立させるためには，さらに「選択意志」を通じて諸制約を反省的に取り込む必要があるということである．選択意志をもつ個人は，叡知的他者からの促しを反省することで自らの行為の限界領域を把握し，純粋意志を反省することで内的規範を把握する．すなわち，個人は選択意志を発揮することで初めて，絶対的自由の実現に相応しい行為を自ら選択する段階に到達するのである．それゆえ『新方法』の意志論の独自性は，純粋意志により完全に規定されることもなければ，叡知的他者からの促しを原因とすることもない，個人の反省的な選択意志の決定的役割を浮き彫りにした点に認められるであろう．

おわりに

　本稿では『新方法』の意志論を，純粋意志に基づく自由の意識と促しの意識との総合可能性に焦点を当てて考察してきた．その結果，純粋意志がア・プリオリに要求する絶対的自由への方向性と，叡知的他者からの促しの双方が行為意識の可能性の制約であること，個人がこれらの制約の下で行為を成立させるためには，「選択意志」を通じて諸制約を反省的に取り込む必要があることが解明された．『新方法』に従えば，絶対的自由への方向性の意識は，選択意志の自由を定位する内的規範として機能するものであり，促しの意識は，個人の行為の限界領域を告げるものである．純粋意志による絶対的自由への要求が，選択意志に対する規範的制約であることを明示するとともに，行為の成立における個人の選択意志の決定的役割を浮き彫りにした点に，『新方法』の意志論の哲学史的意義を認めることができるであろう[10]．

注

フィヒテのテクストは以下の版を用い，引用と参照に際しては，本文中に，略号，系列
数・巻数，頁数の順に記す．J. G. Fichte, *Gesamtausgabe der Bayerischen Akademie der
Wissenschaften*, hrsg. von R. Lauth, H. Jacob und H. Gliwitzky, Stuttgart-Bad
Cannstatt 1962-2012. (GA)

(1)　Fichte, *Vorlesungen über die Wissenschaftslehre, gehalten zu Jena im Winter 1798/99,*
Nachschrift Krause, GA IV/3, 323-524.

(2)　知識学における「意志」と「知性」の二重性を精査する代表的研究としては以下参照．
Vgl., G. Zöller, *Fichte's Transcendental Philosophy.* The Original Duplicity of Intelli-
gence and Will, Cambridge, 1998.

(3)　イェーナ期知識学に登場する多様な「循環」概念を整理すると共に，『新方法』におけ
る認識と行為の「不可避的循環」を積極的に評価する研究としては以下参照．Cf., D.
Breazeale, *Thinking Through the Wissenschaftslehre,* ch. 10: Circles and Grounds,
Oxford, 2013, pp. 272-300.

(4)　他我の想定が自我の自己意識の可能性の制約であることを，『自然法の基礎』と『新
方法』の読解を通じて精査する研究としては以下参照．Vgl., A. Schmidt, Vernunft und
Anerkennung: Zu Fichtes Lehre von der Intersubjektivität, in: *Fichte-Studien* 45
(2018), S. 267-288.

(5)　G. Zöller, Die Einheit von Intelligenz und Wille in der *Wissenschaftslehre nova
methodo,* in: *Fichte-Studien* 16 (1999), S. 105.

(6)　フィヒテが「叡知的宿命論」を一貫して退けていることに着目しつつ，『新方法』にお
ける「選択意志」の決定的役割を指摘する研究としては以下参照．Vgl., J. Noller, *Die
Bestimmung des Willens.* Zum Problem individueller Freiheit im Ausgang von Kant,
Freiburg/ München 2015, S. 260-271.

(7)　選択意志に対する，純粋意志の規範的先行性を解明する研究としては以下参照．Vgl.,
C. Klotz, Beschränktheit der Freiheit selbst. Die Entdeckung der praktischen Identität
in Fichtes *Wissenschaftslehre nova methodo,* in: *Internationales Jahrbuch des Deutschen
Idealismus* 3 (2005), S. 114-130.

(8)　Fichte, *Versuch einer Kritik aller Offenbarung,* GA I/1. 17-123 (1. Auflage, 1792),
125-162 (2. Auflage, 1793).

(9)　フィヒテの知識学と C. Chr. E. Schmidt の「叡知的宿命論」の根本的差異を確認した
うえで，イェーナ期知識学をカント以来の自由論の枠組みに位置づける研究としては以
下参照．Vgl., G. Wallwitz, Fichte und das Problem des intelligiblen Fatalismus, in: *Fichte
-Studien* 15 (1999), S. 121-145.

(10)　本稿は JSPS 科研費 F919K23026 の助成を受けたものである．

【シンポジウム】　　ドイツ観念論の内部論争——絶対者の現象をめぐって——

シンポジウム『ドイツ観念論の内部論争
——絶対者の現象をめぐって——』司会報告

Die innere Diskussion im Deutschen Idealismus
——Über die Erscheinung des Absoluten——

山口祐弘

Masahiro YAMAGUCHI

序

　フィヒテの後期知識学の主題は現象論であった[(1)]．その端緒は，シェリングの体系構想『わが哲学体系の叙述』(一八〇一年)[(2)]における「絶対的無差別」の概念の見方と評価にあった．絶対的無差別から差別が如何にして導かれるのか，両者の関係についての説明が十分ではない，というのである[(3)]．

　エッシェンマイヤーは，夙に，シェリングの自然哲学に対して類似の疑問を呈した．無限の生産活動である自然，能産的自然が如何にして有限な産物を生み出すのかをめぐって，シェリングは二元論に陥っており，その二元性の関係を説明せず，また最終的に一元性を回復することはできなかった，というのであった[(4)]．

　ヘーゲルは『差異論文』[(5)]の冒頭で，エッシェンマイヤーの問いかけに対するシェリングの答えが十分でないことを同書の執筆の一動機としている．しかし，彼はむしろシェリングに与する立場に立ち，フィヒテとの対照を通して，シェリングの新しさを示そうとするのである．そのシェリング解釈には，「絶対者は現象する」という思想が含まれている．しかし，エッシェンマイヤーは，一八〇三年『非哲学への移行における哲学』[(6)]においてシェリングを更に批判し，『わが哲学体系の叙述』の欠陥を指摘した[(7)]．これに対し，シェリングは一八〇四年『哲学と宗教』を著し，絶対者からの有限者の発現を「転落」(Abfall)と

して説明した⁽⁸⁾.

フィヒテは，無神論論争の後，シェリングをイェーナに残し，ベルリンに移住して孤立の観を示していたが，一八〇一，二年の私的講義においては，エッシェンマイヤーに同調するかのように，絶対的同一性の体系を批判するに至った⁽⁹⁾．そして，一八〇四年の講義では，絶対者への上昇過程と絶対者の現象すなわち下降過程を論述する真理論と現象論からなる新たな超越論哲学の体系を構想した⁽¹⁰⁾．更に，一八〇五年のエルランゲン講義において「絶対者は外存（実存）する（existiert）」というテーゼを掲げ⁽¹¹⁾，また一一年には，「絶対者は現象する（erscheint）」と主張した⁽¹²⁾．

フィヒテのこうした動きに呼応するかのように，ヘーゲルは「意識の経験の学」，「精神の現象学」の構想を練り，温めていた「現象する絶対者」の思想を公にした．『精神の現象学』（一八〇七年）序文で，彼はシェリングの絶対者，絶対的無差別を「すべての牛が黒くなる夜」と批評し，テュービンゲン時代以来の友情に亀裂をもたらした⁽¹³⁾．

こうして，ともにフィヒテに対峙していたシェリングとヘーゲルの協力関係は崩れ，却ってシェリングが批判の包囲網の中に立たされるという形になった．孤立したシェリングは，従来の「消極哲学」を克服すべく「積極哲学」を唱えて終生ヘーゲルを批判し続けることになる．それは，ドイツ観念論の完結をどこに見るかをめぐって論争を惹起している⁽¹⁴⁾．

このように見れば，絶対者の現象をめぐる世紀転換後の議論は，ドイツ観念論の展開を推し進める上で中心的な役割を果たし，それを単線的な発展としてではなく，複雑な相互作用を孕んで展開した運動であったと見ることを求める出来事であったということが分かる．本シンポジウムは，こうした観点から，フィヒテ，シェリング，ヘーゲルの三つ巴の論争を分析し，それぞれの思想の布置を見定め，望むらくはドイツ観念論史の立体的構成に寄与することを目指して企画された．

提題は，フィヒテ中期思想に詳しい鈴木伸国氏，シェリング哲学に造詣の深い浅沼光樹氏，ヘーゲル哲学，とりわけ『精神の現象学』の新進の研究者早瀬

明氏の三氏に，それぞれの研究視点から行って頂くようお願いした．

1　フィヒテ現象論の起点

　上の問題提起に対し，鈴木氏は，一八〇五年知識学の「絶対者は外存（実存）する（existiert）」というテーゼを知の多様性の導出の起点をなし，また現象論を中心とするその後の知識学の出発点となるものと捉え，同知識学はその検証に当てられていると主張する．しかし，現象論という概念は，前年の第二回講義ですでに提出されていたものであった．そこでは，知の多様性を統一にもたらす階梯としての真理論が論ぜられるとともに，その到達点たる存在から知の多様性の成立を解明すべきものとして現象論が展開されていたのである．翌五年のテーゼは，この上昇・下降構造を踏まえて掲げられたものに他ならない．そして，「絶対者は外存（実存）する」は更に「絶対者は現象する（erscheint）」と言い換えられていくのである．この意味で，現象論中心の所謂後期知識学を準備したのは，一八〇四年の第二回講義であったと認定される．

　しかし，鈴木氏の見るところ，そこには限界があった．現象は存在を背後に置きつつも，それ以上遡及されない現象自身を起源として成立するというのである．現象論は，「自身のうちに完結した存在」から発して知の多様性の成立を解明すべきものである．だが，それは，自らの発生についての知を自らのうちに含んではいない．現れているかぎりにおいて存在する事実的現実的な知，すなわち現象が導出されるべきである．しかし，その現象そのものが自らの発生についての知の洞察が開始される場となっており，現象そのものが現象固有の成立を論じる形になっている．そこには，現象の発生が現象そのものによって説明されるという論点先取がある．それは，存在と現象の関係が必ずしも明らかにされていないということを物語るものに他ならない．

　氏は，この事情を「光」，「より」，「前提」，「われわれ」などの概念の関連を通して明らかにする．「純粋光」を「知」，「純粋理性」とともに「内的存在」の呼び換えと解釈し，存在の自己構成たる「より」をその光の「絶対的な結果」として捉えた上で，しかし，光そのものは決して可視化されないとされると言

う．それは，知に帰属していながら知に対して不可知なのである．内的存在の自己構成を前提として現象は成立するはずだが，知はそれを洞察しえず，蓋然的なものとしてしか証明することができない．それを思惟しようとしても，追構成しうるだけである．それ自体は知の条件を持たない内容を或る条件下の連関のうちに引き入れるのみなのである．それは，二次的でただの現象知にすぎない，と氏は言う．

このことは，現象が存在から乖離していることを告白するものであり，知識学を遂行している「われわれ」自身も絶対者と一致してはいないということを物語る．一八〇四年の知識学は，このようにして，知の内部から知の成立を解明しようとしながら，知を知の外部に探ろうとすることとの間の不断の緊張の中にあると言わねばならない．

鈴木氏のこうした解明によれば，絶対者と現象の関係をめぐって，フィヒテはシェリングを果たして凌駕しえたのか否かが問われる．むしろ，彼はシェリングの絶対的無差別が陥ったのと同じアポリアに留まっていると言うべきかもしれない．批判を被ったシェリングはどう反撃するのか，またヘーゲルの追及がどのような形で行われるのか，が注目されるところである．

2　後期シェリングの現象論

鈴木氏の論ずるとおりであるとすれば，フィヒテは自らが批判したシェリング哲学の難点を自分自身のうちに抱え込むことになる．こうした問題に対して，シェリングはどのような答えを与えようとしたのか．浅沼氏はその応答を一八〇九年の『人間的自由の本質』に見る．同書は，刊行年からすれば，ヘーゲルの『精神の現象学』（一八〇七年）より後の著作であり，ヘーゲルのシェリング批判に対する応答を見る上でも重要な意味を持つ．ベーメの神智学の影響のもと悪の問題を主題とすることによって，シェリングは自らの哲学の新しい境地に達し，いわゆる消極哲学に対する積極哲学を提唱するようになるのである．

浅沼氏によれば，この著作をヘーゲルの理性主義，合理主義に対する単なる反撥，非合理主義ないし主意主義への移行と見るだけでは，ヘーゲルの批判に

対する回答を十分汲み取ることはできない．絶対者と現象を繋ぐものを意志とのみ見るかぎり，両者の関係の解明は実際には放棄されているのである．

これに対し，氏はシェリングの後期哲学全体に視野を広げることで，シェリングが絶対者と現象の関係を「概念的に」把握しようとしていることを明らかにする．氏が「現象化の問題」と名づけるこの問題の中心的な問いをシェリングは次のように定式化している．「世界の全体はいわば理性の網のなかに捕捉されている．しかし，問題は，如何にして世界がこの網のなかに入ってきたのか，ということである」．シェリングがこの問いにどのように答えているかを，氏は『諸世界時代』（一八一五年）をめぐるヴォルフラム・ホグレーベの研究『述語づけと発生』（一九八九年）に依拠しつつ明らかにする．

それによれば，シェリングは「世界公式」によって分かちがたく結びついた「一にして全」（ヘン・カイ・パーン）として世界を示しているが，そこにおいては，命題によって表される「意味の領域の全体」（意味論的宇宙）に対して，その起点はその外に置かれている．それは，まさに意味に対立するものがあり，しかもそれなしには全体は成立しないということを物語っている．それは，ホグレーベによれば，意味論的宇宙には外部の何かに依存しているという致命的な脆弱性があり，しかもこれは除去不可能であるということに他ならない．

これは，シェリングの思想には，可能性と現実性，同一性と差異の対立が克服されない形であり，そのため意味論的宇宙の発生には空転するだけの盲目的な生成が立ちはだかり，「自己自身と同一でないもの」が得られるのみであるという結論に導く．シェリングにとって，「有は無意味である」ということが世界の秘密であることになる．

浅沼氏は，合理性以前の棘が何か或るものとして合理的なものを突き刺しているというホグレーベの見解に同意し，意味論的観念論の挫折を見届ける．シェリングは観念論の分析を通して観念論を解体し，「観念論とは似て非なるもの」を手に入れた，と言うのである．それは，意味論的次元を超えた有の意味を知ることとされる．

とはいえ，それは，単純な理性の否定，非合理主義に行き着くことではない．

少なくとも意味論的次元を超越する有の意味について情報が与えられていると
いうことは，それと何らかの仕方で接触しているということであり，理性は代
名詞によってそれと関わっているのである．理性は脱自的に前合理的な有に触
れるとも言われる．理性には脱自性が備わっており，そうした脱自性こそは，
有と理性の刷新された関係を取り持っているのである．

　だが，その関係とは，前概念的なものを非概念的，没概念的かつ純粋経験的
に認証することに他ならない．ヘーゲルの言葉で，これを概念の自己関係的否
定と言い換えるならば，ヘーゲルの概念思想とどれ程の隔たりがあるのかが問
われることになろう．

3　絶対者の現象性──体系知の根底にある存在論的自由

　二氏の議論に続いて，早瀬氏は，ヘーゲルの体系が絶対者の叙述であるとと
もに知の体系であることに鑑み，絶対者と知の関係を尋ねる．両者の間に乖離
はないとする一般的想定に対して敢て疑問を呈し，知の体系性の成立過程を追
及することによって，両者の間に乖離ないし緊張関係のあることを明らかにし
ようとするのである．それは，取りも直さず，絶対者の本質は何かを問うこと
に繋がる．

　その際，氏は『精神の現象学』，『論理の学』から距離を取り，知の全体を現
象という視点から位置づけ「絶対者の現象」という思想と結びつけつつ，知自
体（学）を成立させるものは何かを問うことから右の課題と取り組む．

　ヘーゲルは，知の体系性ないし体系的学の完結性は円環構造によって証示さ
れると考える．前進は後退であり，進行の目標は出発点であって，目標への前
進は出発点への還帰であるということが，ヘーゲルの思想として一般に紹介さ
れている．しかし，氏は，こうした知の体系的完結性の要求は「知の破れ」と
言うべき事態を招来する，と主張する．それは，『論理の学』における始元，
『精神の現象学』から『論理の学』への移行の問題において最も尖鋭な形で顕
現する，と言う．現象知の構造を超え出るような知の地平は，『精神の現象学』
の絶対知の叙述の中では開示されておらず，絶対知から論理学への移行も明ら

かにされていない．知の到達する始元の運動は，知の内部の運動ではありえず，知を超えたところから知に到達する運動でしかありえないと見るのである．

　このことを氏は「知の破れ」と呼び，そうした事態が学の概念の破綻を意味するのか，或いは学にとって積極的な意味を持ちうるのかを検討する．それを踏まえて結論されるのは，ヘーゲルの哲学体系の根底には，知を超え出るものでありながら同時に知を根拠づけるものでもある「絶対者」の概念が想定されているということである．知の体系を現象として捉えるならば，絶対知は知として現象しつつ，しかしなお知を超えたものとしてあるということになる．その意味で，絶対者は外存（実存 Existenz）であるということになろう．逆に，知の側から言えば，知はその完結性，閉鎖性を破って脱自的に思索せねばならないことになる．

　前者の意味では，絶対者の本性は自由であると評価される．ヘーゲルの体系叙述においてはこうしたことは顕在的に示されているとは言えないであろうが，そうした事情を思索し抜くことによって，自由というテーマが浮上する．それは，シェリングの「人間的自由」とは対照的に「絶対者の自由」と称すべきものであろう．早瀬氏の提題は，解釈とは，著者が語りえていないことを語ることである，というテキスト理解の奥義を示しているように思われる．

4　ドイツ観念論史の構築のために

　絶対者の現象というドイツ思想史の核心的なテーマについて，三思想家の見解が紹介された．三提題者の報告を通して印象づけられたことは，フィヒテ，シェリング，ヘーゲルは互いに激しく批判し論争したにもかかわらず，彼らの思想は画然とした対照や差異を呈しているというよりは，むしろ共通性を有しているということである．

　フィヒテはシェリングに現象論が欠けていることを非難したにもかかわらず，真理論と現象論の関係づけには苦慮し，却って絶対者の現象，外存（実存）を無媒介に主張する他はなかった．「現象する絶対者」の論理的な論証は，最晩年の講義に委ねられねばならなかった．

　論難の的となったシェリングは，それに応ずべく，意味論的世界の「外」を示唆し，理性の脱自性を要求するが，同一性哲学に宿されていた対立観は依然として解明されず温存されているとの印象を拭えない．

　ヘーゲルもまた，かつての盟友シェリングに対する批判の先頭に立つが，絶対者と知（の体系）の関係に関しては，完全な一致を説くには至らず，知として現象しながら知の外にあるという二義性を絶対者に持たせることとなった．それに応じて，知の側は現象に留まりながら，また脱自的たらざるをえないということになるであろう．

　三氏の報告は，公刊時期の違うテキスト，一八〇四，五年の『知識学講義』，一八〇七年の『精神の現象学』，一八一二〜一六年の『論理の学』，一八〇九年の『自由論』，一五年の『諸世界時代』などに基づくものであったが，それらが或る一点で類似性を示していたことは興味深いことであった．それは，知は存在を完全に掌中にすることはできず，その外を残し，それに向かって脱自的に思索せねばならないということである．およそ，諸哲学ないし諸哲学者は互いに激しく論争しながら，究極においては同一の見解に落ち着くということであろうか．ヘーゲルは「哲学は時代の子である」と言う一方，「すべての哲学は同一の問題と取り組み，その解決も同一である」と述べたが，それが彼の属するドイツ思想史そのものにも当てはまるということであろうか．或いは，知と存在を依然乖離したものと見る三提題者がそれぞれ同じ見解を三思想家に見るという見方そのものが，現代の何らかの傾向を示しているのであろうか．

　そもそもドイツ観念論とは，シェリングがフィヒテ哲学に与えた呼称であったが，それがカントの後一九世紀半ばに至るドイツ思想の総称となり，様々な内部論争を孕みながら一つの潮流とされるようになるのはなぜか，様々な差異を含みながらそれらを貫く同一性があるかのように語られるのは何によってであるか，が問われよう．ドイツ観念論史を決して単線的な発展として捉え描くのではなく，多様な考え方がぶつかりあい合流しつつ織りなす流れと見ることが求められているように思われる．本シンポジウムがそうした新しい思想史観を提案することができたとすれば，所期の目的は達せられたと言えよう．

注

⑴　隈元忠敬「フィヒテ晩年の哲学」『フィヒテ研究』17号，晃洋書房，二〇〇九年．

⑵　F. W. J. Schelling, *Darstellung meines Systems der Philosophie*, 1801, in: *Schellings Werke*, III. Abk.: System.

⑶　K. A. Eschenmayer, *Die Philosophie in ihrem Übergange zur Nichtphilosophie*, Erlangen 1803, §73.

⑷　K. A. Eschenmayer, *Spontaneität=Weltseele oder das höchste Princip der Naturphilosophie*, in: Schelling, *Zeitschrift für speculative Physik*, II, Jena und Leipzig 1801, Bd. II, H. 1, S. 4.

⑸　G. W. F. Hegel, *Differenz des Fichte'schen und Schelling'schen Systems der Philosophie in Beziehung auf Reinhold's Beyträge zur leichtern Übersicht des Zustands der Philosophie zu Anfang des neunzehnten Jahrhunderts, 1stes Heft*, Jena 1801, in: *Gesammelte Werke*, 4, Hamburg 1968.

⑹　前注⑶を参照．

⑺　Schelling, System., S. 600.　山口祐弘『ドイツ観念論の思索圏』学術出版会，二〇二〇年，一五九ページ．

⑻　F. W. J. Schelling, *Philosophie und Religion*, 1804, in: *Schellings Werke*, VI, Ergänzungsband, 1969.

⑼　J. G. Fichte, *Darstellung der Wissenschaftslehre aus den Jahren 1801/02*, in: GA. II-6, Stuttgart/Bad Cannstatt 1983.

⑽　J. G. Fichte, *Die Wissenschaftslehre, Zweiter Vortrag im Jahre 1804*, Hamburg 1975.

⑾　J. G. Fichte, *4ter Vortrag der Wissenschaftslehre*, Erlangen im Sommer 1805, in: GA. II-9, S. 271.

⑿　J. G. Fichte, *Die Wissenschaftslehre 1811*, in: GA. II-12, 1999, S. 195.

⒀　G. W. F. Hegel, *Die Phänomenologie des Geistes*, Bamberg und Würzburg 1807, in: GW. 9, Hamburg 1980.

⒁　山口祐弘「哲学のイデアリスムスと存在の理念」『思想』No. 1144，二〇一九年．

【シンポジウム】　　ドイツ観念論の内部論争——絶対者の現象をめぐって——

1804年知識学第二回講義における絶対者と「現象」

Das Absolute und seine Erscheinung in der WL1804(2)

鈴木伸国
Nobukuni SUZUKI

　「現象とはいかなる構造においてそれであるか」との問いへの答えの定式化は，フィヒテにおいては最晩年の諸講義に指摘されるとしても，その問いがいかにして取り扱われうるかについてのおおよその展望は1804年知識学第二回講義（「04年知識学 (2)」）において，絶対者概念の理解とともに獲得されている.

　「知は絶対者の実存である」は1805年知識学が講義の実質冒頭に掲げるテーゼである. それは同知識学で検証される命題であり，かつそこから知の多様性を導出する起点でもある[1]. 知識学のこの構造はそれまでの知識学のいわゆる，上昇一下降の張り合わせ構造からの転換であり，また現象論を中心とするその後の知識学の構造の最初でもある. このテーゼの基本構造は，後期の諸知識学で様々なかたちであらわれるが，後期の諸知識学の現象論的構造を用語上も反映させるとすれば，その内実を「絶対者は現象する」と表現することもできる.

　しかしこの現象論中心の知識学を準備した「04年知識学 (2)」において，現象はかならずしも絶対者（あるいは存在）を起点とした知の成立をただちにかたりだす概念として用いられているわけではない. この知識学において知の諸々の多様性の統一への道程は，知の真理性を解明する道程として真理論とよばれ，その終極には自身のうちに完結した存在概念が置かれている. そこから発して知の多様性の成立を解明すべき道程は，現象論とよばれる. それは一方においてただ「現れている限りに」存在し，自身のうちに自らの発生についての知をふくまない知の事実的・現実的なありよう，あるいはそう見えている限りのもの（＝諸現象）が，そこで導出されるべき当のものであるからであるようにも見

える．しかし他方それは，自らの発生についての知の洞察が，現象というあり方においてしか開始されえないことを解明しつつ，そこにおける現象なるものの固有な成立を論じるものであることによる．真理論から引き継がれた，知の発生図式としては，現象論においても存在からの現象が語られるにしても，現象論の固有の起点は現象自身である．

　この知識学において「現象」は種々の様相において用いられるが，それは知の「発生 Genesis」（「創造 Creation」）が語られる局面において絶対者にもっとも接近する．ここでは，まず概念史的に知識学の現象概念の問題配置を概観し，この知識学における固有の課題を焦点化したうえで，この知識学の現象論の構造を，とくにフィヒテに特徴的かつ難解な概念用法（「光」，「自ずから」，「前提」，「我われ」等）に着目しながら，存在を自身の背後におきつつも，自身をそれ以上に遡及されえない自身の起源として成立する現象のあり方として，第 16 講から第 19 講のテキストに釈義を加えるかたちでとりまとめることとする．

1　「04 年知識学 (2)」をめぐる「現象」と「現象論」

　「現象」と「現象論」が知識学に構造的なものとして導入されることで「04 年知識学 (2)」は固有な転換点を形成するにしても，知識学自身が諸多の同時代の思想からの影響下に展開したのと同様に，現象概念についてもやはりその概念的前史が指摘されうる．それは直近ではもっぱら 20 世紀の現象学運動のなかで回顧され，そこには――多くは純粋に概念的な前史という意義に限定されつつ――ヘーゲル現象学の研究史が多く吸収されている[2]．これら二つの概念の，哲学的に意義ある使用の起源がランベルト（1764）とカント（1770, 1772）のあいだの交渉および，およびその同時代のエティンガー（1762）にあることにはおおよそ異議が見られない．ホフマイスター（1952）は『精神現象学』への序文で，近しい影響関係にあるものとしてヘルダー，ノヴァーリスらを，またグロックナー（1968），ボンジーペン（1988）らは彼らに先立つシラー（1795），ゲーテ（1810）らを挙げ，ヴント（1945）はさらに遡ってプロークエット（1753）を挙げており，両概念の広い影響連関が指摘されてきている．しかしそのフィヒテ

への影響に関しては，まずラインホルトが挙げられねばならない（ブープナー (1969) 等参照）．このなかでカント以外では彼だけが，知識学の方法論にかかわるかたちでフィヒテのテキスト上で言及されているからである．

　この概念史的展開のなかで，哲学における「現象」のおおまかな問題配置が示されてくる．現象は，世界内の「諸現象」が，個別の諸科学，哲学諸派の理解様式にくみこまれる以前の，その意味で恣意的な色眼鏡を介さない仕方で観察される場合には，もっとも広い意味で「現れているがままのもの」を意味する．この意味での「現象/現れ」はすべての様式の知の出発点にして基盤となる．ただし現象は現れている限りはいつも，現われの場からの制約を被っている．その場が，哲学においてはとくに，主観として問題化される場合には，現象は「そう見えている」と形容されるように——そこでの主観が個別的であるか，普遍的であるかにかかわらず——「あるがままのあり方」すなわち「存在」あるいは「真理」と区別され，ただ「現れているかぎりのもの」となる．

　現象が真理・存在とこうして区別されながら，両者の連関が確定されえなければ，現象は「見かけ/仮象」となり，その真理性・確実性はあやういものになる．ただしそこで「現れているかぎりのもの」に先立つ「現れていないもの」——それが真理概念の本来的構造の一部ではあるが——をとりこむことで，現象を基礎づけようとする試みも危険な賭けとなる．「現れていないもの」はそこでは，ただ隠蔽と顕在という概念対の一極をこえて「現れえないもの」として想定されねばならないからである．またさらにその「現れえないもの」さえ，ただ「現れ」の否定以上のものまでが顧慮される局面にいたれば，それは「自身に閉じられている」，あるいはまったく限定をこうむらず，かえって一切からの条件付けに対して断絶しており，そこから「解かれている absolutus」として述定されねばならないことになる．しかしその述定で問題が解決するわけでもない．問題はむしろ，知が遂行されるところでは知はすでにそこに現象しており，しかしその現象にはそれだけでは認識的な統一や必然性は見込めないことであり，そこにこそ「現象」の意味が問われる問題構成がある．

　ここで議論をラインホルトにもどせば，参照されるべきは彼の 1801-03 年の

論文群である[3]．そこでの彼の構想はバルディリの「実在論」を前提に――そこ
では実在は「信」にゆだねられているが――，そこに思惟の介在する構造を示
し，それを「合理的 rational」実在論へと仕上げることである．そこにおける
「現象」の種々の用法のなかから，本稿で主題化する二つの用法を対比的にと
りだすとすれば，その一つは単なる現象である．現象はそのままでは現れるが
ままのものであり，真偽を問われず混交としたもの（「仮象」）であり，そこから
認識的地位をもつ現象がとりだされるためには規範的諸原則を要する．その諸
原則は暫定的なものであっても，諸現象を数学，宇宙論，身体論等などの諸科
学の秩序のうちに構造化し，学問領域の全体を現象論として構造化する[4]．もう
一つの用法は「不変なもの」，「真なるもの」，「本質 Wesen」等と呼びなされる
知の起源と，その現象との関係である．この起源が直接には思惟されえないと
されている点はバルディリに同じであるが，そこに思惟の関与をくみこむ点に
ラインホルトの「合理性」がある．この起源をここで仮に「本質」と呼ぶとす
ると，彼はある箇所で「本質」は直接に思惟されえないものの，現象と「本質」
の「連関 Verhältnis」は「思惟されうる」し，自身の起源を思惟する思惟は
「本質の顕現の制約 Bedingung」をなすとして，ただ信によるのではない実在
性の根拠を示そうとしている[5]．

　この著作群における現象の起源の取り扱いは，私見では，必ずしも一貫した
展望を許容しないが，もしラインホルトが現象の起源の思惟によって実在性の
根拠を指摘しえたと考えたとすれば，感性的経験を捨象し，かつ自我を核とす
る反省理論は確かにただ観念的でしかなく，あるいは自我の自我内部でのひと
りよがり以上のものではないとの彼のフィヒテ批判には理由がある．また「04
知識学（2）」との比較において，この論文群は「真理への愛」にもとづく知の
起源への「立ちかえり」とそこからの展開という「往還」の構造，また知の起
源に関する「原像―模像」の関係とそれが思惟される場合の「前提」の構造，
そして「現象」および「現象論」という用語法など，04 年知識学の真理論およ
び現象論を構造的に特徴づける諸概念を含んでいる．

　ただしこの現象理解に難しさがないわけでもない．現象の起源の直接的な思

惟を否定する彼の構想は，それにもかかわらずいかにして「真なるものに即して an dem Wahre」，「真なるものによって durch 」，思惟が現象の導出を果たしうるかを一つの課題とする．(6) 彼は一つの論文の冒頭近くで，現象とその起源の連関を以下のように論じている．〔探求のおわりに〕「思惟は自身をただ思惟にもとづく制約としてではなく，根拠であり，原因であり，勝義に第一のものの，すなわち本質自身の端的に非制約的な制約ではないものの，その顕現（Manifestation）の制約として，またそこから帰結して，根拠であり，原因であり，勝義に第一のものの制約として自身を見いだす」(4. Heft, S. 105)．ここで彼は，本質の思惟不可能性と，本質による思惟への制約という相容れない契機を，彼岸すなわち本質の側からの「顕現」によって，此岸すなわち思惟の側からの「見いだし sich finden」によって，ごく慎重に切り分けつつ，媒介的に架橋しようとしているのだが，この「連関」がもたらす「制約」はいかなる意味で合理的であるのか，またその「見いだし」はいかにして可能なのかは不分明なままであるように思われる．

2　04 年現象論の起点と真理論諸概念の改鋳

「04 年知識学 (2)」の課題は一つには「一切の多様なものを絶対的統一に還元すること」(GA, II/8) があり，(7) それはその統一から認識的多様としての「現象」を導出することと対をなすはずであるが，後者の責を負う「現象論」はほぼ，認識諸内容を包括する以前の，現象そのものの成立についての思索で占められている．(8) そもそも現象論は真理論からの転換からただちに現象を語りだしてはいない．真理論はその終極で，「自身のうちに閉じられた存在」にいたるが，現象論においてまず取り組まれるのは，その真理論の考察をみちびいた思惟——あるいは認識の可能の根拠をめぐる反省——の構造，すなわち「……であるべきならば，……でなければならない」という語りに示される，「蓋然的当為」(Soll) への批判的回顧である．この構造は，たとえその帰結として，そこにふくまれる蓋然性を否定する，「閉じられた存在」（あるいは「絶対者」）を指示しえたにしても，その指示は知の可能の条件を問う真理論においてだけ認めら

るはずの，蓋然性（「……であるべきならば」）への等閑視によって得られたもので
あり，現象論はその等閑視に依拠して開始されえない．逆に「存在から」の無
条件の開始はないとする観点からすれば，解明されるべき問題を課題として取
り込むことで，現象論は下降の道を開始するモーメントをえている．ここにこ
の現象論の起点の困難と特徴がある．

　現象論が「閉じられた存在」から「当為」を直接に導出しようとすれば，「存
在からの開始」の轍を踏む．それゆえ現象論の開始にあたってまず確保される
べきは，すでに現象しているものとしての知の成立の起点となる契機である．
それは先の当為とは反転的に方向づけられた当為として指摘される．〔現象論に
おける〕「観念的自己構成が絶対的本質そのもののうちに根づいていなければな
らない，との絶対的洞察にたっするべき（soll）であるなら，そのような観念的
自己構成は絶対的事実的に措定されねばならない」(250)．

　ここで論点は「観念的自己構成」ではなく，それを語りだす「当為」の機能
の叙述にある．この当為は，真理論からの課題として，現象論の側にあっても
「蓋然的」であり，必然的ではない．それゆえ「そうありうる」という意味で
「可能的」なものである．しかしこの当為は同時に現象論に必須の二つの特質
をあわせもっている．一つは，それが可能的（「そうありえ，またそうならぬことも
ありえる」）であることによって，自身の成立契機を真理論および「内的存在」
によって必然化されていないことである (250f.)．現象論は真理論からの端的に
連続的帰結であることを拒否している．もう一点はこの当為が，可能的である
ことのつよい意味において「作成的」であり，しかもその可能性を必然性をこ
うむることなく，かつ同時に現象論における起点を命じていることにおいて
「創造的」でもある．それゆえ彼はこの，観念的自己構成の事実的成立を命ず
る当為には——真理論からの連絡からすれば奇妙なものの——「内的，絶対的，
純粋に質的な自己作成，また自らへの依拠」があると語る (252)．またさらに
この，事実的成立の内部で観察されるその挙動について以下のように語ってい
る．「その当為は，根本命題において見いだされた存在自体のすべての徴表を，
自ずから，自らによって，自らのうちに (von sich, durch sich, in sich)，〔自らを〕

産出しまた支え，また純粋自我などの徴表をおびている」（第16講，252f.）．

　ここには真理論で内的存在に与えられた徴表がそのまま現象論に移入されている．議論のこの方向づけは，真理論の叙述の反復のようにも見えるとしても，議論の転換上，不可欠な視点の転換をもたらす．さきには真理論でただ認識論的な要請命題として立てられたものが，ここでは，真理論の考察によって帰結された構造にもとづくことで，現象論にその解明を要求する命題として自らを提示している．存在自体は知の彼岸からの知の成立を語るものであったが，この当為はその成立にささえられて，知の内部で自身の成立について証言するものである．それゆえ先に真理論で「内的存在」と呼ばれていたものは，ここでは「知」，「純粋な光あるいは純粋な理性」（278）とされ，「存在／絶対者の自己構成」は，この問題位相にいたって「現象」と呼びなおされる．

　この問題位相は，知自身の成立が語られる場であるとはいえ，知の絶対的彼岸ではない領域であり，それは「理性 Vernunft」，「純粋理性」，「絶対的理性」が知に対して自らを現している位相である．それゆえそこにおいて「存在の現象」と語られるのは，この位相の内部に，ただしこの位相の内部で自らを現してくるかぎりでのものである．彼は第17講で現象を以下のように述べる．「ここで我われはこの純粋存在をそれ自身においてではなく［…］その原的現象においてとらえようとする．［…］純粋に内的な存在を，絶対者，実体，神［…］として見よ，そして，その最高点においては絶対者の内的発生的な構成としてとらえられているところの，現象を神の啓示，神の表現として見よ．そのとき現象は，端的，必然的に，絶対者の本質に根ざしたものとして洞察される」（258f.）．ここでの「根ざし」は，解離，分離しているはずのものに当てられる用語であり，啓示（Offenbarung），表現（Aeusserung）を絶対者の側からの自己構成自体ではなく，その効果と解されるべきものであるとすれば，それは知の内部で，知の彼岸的成立の洞察を可能にしているものである．

　真理論の諸概念をこの位相に移入するにあたって，フィヒテは注意深く組みなおしているのだが，そのもっとも特徴的かつ顕著な例は，存在と純粋自我にも帰された「自ずから Vonsich」であり，またそこから派生した一見奇妙な用

法（„Von“「依」）であろう．第 19 講ではそれまでの行論を承けて，現象論で現象
が「自ずから Vonsich」(291f.) と語られる構造自体が吟味されている．現象と
しての当為は，何ものにも依らぬかのように「まったく自ずから」であり，か
つ同時に何かに「根ざして」いることで自らを現象して提示するのだが，そも
そも自身ならざる何か「から von」という構造なしにここでの「現象」は成立
しない．現れていないものが現われに来たっているという認識論的距離が，
「現象」をして，ただそう見えているもの（＝仮象）と，また認識的彼岸としての，
現われをもたないものから区別させながら，また同時にその起源を現象の立場
からは隠蔽している．そこにはそれゆえ，現われという直証的な契機と，それ
とは相反的な構造が重なり，また一体化しているのだが，それをもっとも端的
に示すのが現象の「自ずから」なる在り方である．現象は「自ずから」のもの
と想定される場合，それが自身ならざる何か「から」のものでなく，自身「か
ら」のものとされたにしても，そこにはやはり「関係 Relation」があり，「非-
自ずから NichtVonsich」(292) なる構造を含蓄する．そこに現象論で解明され
るべき課題が示され，問題は「その «Von» の使用を正当化すること」(294)，す
なわち現象の位相での，この「から」の解明にある，と宣言される．

3　現象としての知と知識学

　「現象」が「存在の自己構成」としてでも，またただ「光」（現象しているもの
としての知の分裂と統一）としてでもなく主題化されることが知識学，とくに現象
論にとって不可欠である．真理論は，実際に成立している知の可能の条件を遡
及的な反省のうちに——たとえ「存在の自己構成」であっても——指摘してゆ
くことで成立しえた．しかし現象に担わされている二重性が «Von» において，
現象に内的なものとして指摘されなければ，現象論は現象している「はず」の
仮構的なものとなってしまう．——〔現象論における〕「行為と語りの矛盾」「追
構成の概念的無根拠」(290)——それは «Von» が指摘されることで，「光」に
「存在の自己構成」が伴うことが不要になるという意味ではない．観念的構成
は後者なしに実在的構成を欠く．しかし両者のあいだの「関係 Zusammenhang」

(290) が，知の絶対的な外部に想定されれば，現象論は自己矛盾的構成の産物であることから逃れられない．現象の核心が «Von» において指摘されることで現象論は，それまでのまったく仮構的でもありえた議論に対して自身を相対化しながら開始されうるものとなる．この行論はむろん真理論では機能しない．それは真理論において，存在の側からの構成が要請的に洞察され，またそこに絶対的な空隙（hiatus）が指摘されたうえで，その構造のなかで自らのうちで自ずからあるものとして現象が語りだされた局面でしか機能しない．このような制約を担いつつ現象は，自らの背後に何ももたず，現象の位相においてただ「一方向的に einseitig」成立するものとして自身を切り出している．「いまや，«Von» のこの理解によれば［…］光の自己透入，すなわち光の全的な統一は，この «Von» とそれがもつ二重性において，かつ後者を止揚しつつでしか思惟されえないのだが，それらすべてが光自身のうちに根拠をもち，〔そこで光は〕もはや質的統一としてではなく，接近しえない統一としてある」(298)[9]．

　現象論のこの始まり方は二つの帰結をともなう．一つは，ここにおいてはじめて知識学（「我われ Wir」）はそれまでより高い認識的地位をもって自身を「光」あるいは「純粋理性」と呼びうる．ここでは，むろん「実在的創造」がそれにともなうという前提をもちながらではあるが，知識学は，その前提構造を「現象」自身の内部構造として引き受けつつ，自ら現象しているものと自認することができる．しかしそこに代償がないわけではない．「現象」に負わされた矛盾は解消されてはおらず「我われのうちで事実，止揚 aufgehoben されて」いるのであり，それにもとづいて「我われは事実，純粋理性である」(296) と言われる．この「事実 ipso facto」という副詞句はただ知識学の行論上のなりゆきではなく，現象の成立の事実にあたる．そうすることで現象論は下降の途を開始しつつ，しかし超越論的な反省の構造を部分的に留保し，現にそこに現象しているという事実性を自らの一部として引き受ける．

　それにともなうもう一つの帰結は，現象が事実成立しているかぎり，それがある仕方で成立してしまっている点である．そしてその成立仕方は，一方で絶対的現象に沿うものであることを要するが，他方それを現象の起源に紐づけ，

また条件づけることは不可能かつ本末転倒である．フィヒテはその成立仕方を
——他の要件でごまかしながらひそかに新たな要件を導入するかのような用法
で，しかし後続個所で自我を同じ語で限定しながら——〔光の本質についての〕
「事実的理解 faktischer Begriff」と（296）呼んでいる．その理解／概念は，下
方にむけては，現象としての知識学（「我われ」）とそこから帰結する一切が，そ
の在り方にもとづいてそこから導出されるはずのものであり，現象の根源的制
約をなし，また上方にむけては，現象の知識学における事実的成立に即して，
その事実のままに把握される在り方を意味している．

　現象の事実的成立とそれにともなう概念化は，現象的事実であって，それは
真理論が要請した存在の自己構成が語られたのとは異なる問題位相のもとにあ
る．両者のあいだにある間隙は存在の側からも，現象の側からも越境されるは
ずのないものである．ただし知識学が，真理論から説き起こした理説を，要請
的洞察以上のものとして立証するのは，後者，すなわち現象という問題位相に
おいてである．そのためには現象がそれ自体でそれ以上の遡及を破棄させる
「接近しえない原的現象」（298）として確認されねばならない．

　問題を同知識学のなかの限定された範囲に限るかぎり，フィヒテは一切を統
一に，そして絶対者にもたらすことを一半の課題としつつ，他半で信および非
哲学による認識論的越権（salto mortale）を徹底して批判し，越権的越境が為さ
れねよう，知識学内部に，用語法として，それゆえ反省の様態として異なる階
層をしつらえている．ただしその階層間の相関が知の内部で解明されつくすこ
とはないはずである．というのも彼はそこで現象論で主題化され，実現された
現象を，根源的な現象として指摘しつつも，他面ではやはりそれを〔知の実在的
創造に対しては〕「自体的には無制約 unbedingt な知の内容を，制約された
bedingt 連関へと移行させる二次的な現象知」（302）という地位におき，そこに
その位相をこえる越権的な審級を認めないからである．

　ここで，「真理論と現象論は接続しているか」また「いったい何が現象して
いるのか」と問うとすれば，一つ目の問いには，真理論の役割は現象論にふさ
わしい課題を課すことにあるが，両者の問題位相が完全に連続的になることは

なく，またそれらが上昇と下降と呼ばれるにしても循環的構造はなしえない，
と答えるべきであろうと思われる．両者がそのままにつながってしまえば，こ
の知識学の構造内では，観念と実在は混交し，双方の固有な認識論的地位も失
われてしまうことになる[10]．二つ目の問いについては，現象の一方向的成立が主
題化されているという，現象論の位相においては，現象は自身のうちに問題位
相の分裂を抱えつつ，自ずから，自らによって，自らのうちに現れており，外
部に起源として別の実在を要求しえないと答えることになる．この問題は 05
年知識学において，また晩年の諸知識学において課題として主題化されて，ま
た 06 年宗教論における存在論の契機となり，知識学を現象論的な構造へと方
向づけてゆき，またフィヒテに「像」「図式」などの異なる概念構造のうちにそ
の解決を模索させることになる．

注

(1) 筆者はこのテーゼは，絶対者が自らから出でたち（aussert sich），自ら現れ（erscheint
sich），そこに現存する（da ist）という複数の課題を担わされたものと解するが，詳論
は他稿にゆずる．

(2) フッサール現象学の視点からすればそれ以前の「現象学」は「現象学運動とは無関係
の現象学 Pseudo-Phenomenology」（Spiegelberg, 7）とされる．なお概念史的展開には
以下の概念史研究を参照した（おおよそ年代順に）．H. Spiegelberg, *The context of the
phenomenological movement*, Nijhoff, 1981; ders., *The Phenomenological Movement. A
Historical Introduction*, Springer, 1994.〔H. スピーゲルバーク著，立松弘孝監訳『現象
学運動』世界書院，2000〕；渡邊二郎，「1804 年の『知識学』と現象学」『フィヒテ研究』
第 5 号，1997; A. N. Krouglov, Zur Vorgeschichte des Begriffs der Phänomenologie, in:
W. Hogrebe, *Phänomen und Analyse: Grundbegriffe der Philosophie des 20.
Jahrhunderts in Erinnerung an Hegels Phänomenologie des Geistes (1807)*, Würzburg,
2008; T. Rockmore, On Fichte and Phenomenology, in: V. L. Waibel, D. Breazeale and
T. Rockmore ed., *Fichte and the phenomenological tradition*, De Gruyter, 2010; 田端信
廣『ラインホルト哲学研究序説』萌書房，2015, bes. 543-572. これらの概念史研究は以
下の先行研究におおく依拠している．H. Glockner, *Entwicklung und Schicksal der
Hegelschen Philosophie*, Stuttgart, 1940; M. Wundt, *Die deutsche Schulphilosophie im
Zeitalter der Aufklärung*, Tübingen 1945; J. Hoffmeister (hrsg.) *Phänomenologie des
Geistes*, Hamburg, 1952, Einleitung; R. Bubner, Problemgeschichte und systematischer

Sinn einer Phänomenologie, in: *Hegel-Studien*, Bd. 5, 1969, S. 157-159; K. Schuhmann, Phänomenologie: eine begriffsgeschichtliche Reflexion, in: *Husserl Studies* I, 1984, pp. 31-68; W. Bonsiepen（hrsg.）, Hegel, *Phänomenologie des Geistes*, Hamburg, 1988, Einleitung; W. Baumgartner, „Phänomenologie", in: *Historisches Wörterbuch der Philosophie*, hrsg. von Joachim Ritter, u. a., Bd. 7, Basel, 1989, S. 486-489; N. W. Bokhove, *Phänomenologie. Ursprung und Entwicklung des Terminus im 18. Jahrhundert*, Dissertation, Utrecht, 1991.

　またそれらの研究においてフィヒテ以前の「現象」および「現象学」概念の用法の典拠の主なものは以下．G. Ploucquet, *Principia de substantia et phaenomenis*, 1753; F. C. Oetinger, *Philosophie der Alten*, 1762; J. H. Lambert, *Neues Organon oder Gedanken über die Erforschung und Bezeichnung des Wahren und der Unterscheidung von Irrtum und Schein*, 1764; I. Kant, *An Lambert*（2. Sept., 1770）; An Marcus Herz（21. Febr. 1772）; *Metaphysische Anfangsgründe der Naturwissenschaft*, 1786; J. G. v. Herder, *Aelteste Urkunde des Mencshengeschlecht*, 1774. またフィヒテと同時代にあたるものは以下．F. Schiller, *Briefen über die ästhetische Erziehung des Menschen*（1795）; J. W. v. Goethe, *Zur Farbenlehre*, 1810.

⑶　*Beyträge zur leichtern Übersicht des Zustandes der Philosophie beym Anfange des 19. Jahrhunderts*, Hamburg, Perthes, 1-2. Heft（1801）, 3-4. Heft（1802）, 5-6. Heft（1803）. 以下の叙述について，私見による錯誤を除き田端から多くの示唆をえた．

⑷　4. Heft, Vorrede, v. Vgl. 田端，550.

⑸　Vgl. 4. Heft, II. Elemente der Phänomenologie oder Erläuterung des rationalen Realismus durch seine Anwendung auf die Erscheinungen, 108. 田端，548ff. 参照.

⑹　田端，531. 1. Heft. S. 91.

⑺　以下同講義からの出典は頁数のみを記す．引用中の〔　〕内は筆者．以下同じ．

⑻　そこで下降的に展開されうるのは「静止的客観」と「静止的主観」，「主観の絶対的実在的な像化」と「絶対的客観による絶対的像化と生命」という対称構造をもつ四観点と，それらを統合する知識学を加えた五重の観点（416f.）までであり，経験可能な諸現象としての「通常知」は「絶対的かつ超越論的な知」（378）の対極として示唆されるにとどまる．

⑼　講義録のこの箇所には，統一的分裂としての光（ „a-b")が，「零」（ „0")の記号のうえに浮かぶ図式が描かれている．Vgl. 298.

⑽　その問題は「五重性」の問題として最終回講義で取り上げられる．それについては隈元泰弘「後期フィヒテにおける現象論の構造」『フィヒテ研究』第12号，2004に詳しい．

44

【シンポジウム】　　ドイツ観念論の内部論争——絶対者の現象をめぐって——

後期シェリングの現象論
——意味論的観念論の批判[(1)]——

Die Theorie der Phänomenalisierung in der Spätphilosophie Schellings: Eine Kritik
des semantischen Idealismus

浅沼光樹
Kouki ASANUMA

序

『私の哲学体系の叙述』（1801 年）以後のいわゆる〈同一哲学〉はシェリング自身によって絶対者（絶対的理性）の哲学と呼ばれている．ところがヘーゲルによれば，絶対者と現象の関係をめぐる諸問題，特に両者の分断という問題において同一哲学の最大の弱点が露呈する．そしてこのような同一哲学の欠陥を克服することがヘーゲルの『精神現象学』（1807 年）の目的の一つであった．——このような理解は哲学史の常識に属するといってよい．しかしシェリング側から見ると，最低でも二つの問題が残っている．第一に，ヘーゲルのシェリング批判は妥当なのか，という問題であり，第二に，ヘーゲルの批判にシェリングはどのように応じたのか，という問題である．ここでは第二の問題のみをとりあげよう．

伝統的解釈によると，『精神現象学』におけるヘーゲルの批判に対するシェリングの最初の応答は『人間的自由の本質』（1809 年）に見出される．実際そこでは，悪の問題が主題とされ，全編にわたってベーメ神智学の影響を色濃くとどめるなど，同一哲学期の著作とは異なる雰囲気が感じられ，本書をもってシェリング哲学の新しい時期が始まると見なす論者も少なくない．けれども，この新たなる門出がヘーゲルの批判に対するシェリングの返答でもあるなら，彼の再批判の要点は一体どこにあるのだろう．しばしば指摘されるように，この

著作に非合理主義ないし主意主義への転換が見られるならば，そのこと自体は
ヘーゲルの理性主義に対する反対の表明と見なしうるかもしれないが，それで
は絶対者と現象との関係はどうなったのだろう．絶対者と現象とを繋いでいる
のが単に（絶対者あるいは人間の）自由意志であるという以上に出なければ，両者
の関係についての概念的説明の努力は結局のところ放棄されているという見方
も成り立ちえよう．

　しかし『自由論』だけでなく，シェリングの後期哲学の全体にまで視野を広
げてみるならば，絶対者と現象の関係の究明が彼にとって決して周辺的な問題
ではなかった，ということが浮かび上がってくる．一例をあげると，おそらく
ヘーゲルの理性主義を念頭に置きながら，後期のシェリングは〈絶対者の現象
化〉を〈世界が理性の網の中へ捕捉されること〉と改めて定式化している．

　　世界の全体はいわば理性の網のなかに捕捉されている．しかし問題はいか
　　にして世界がこの網の中に入ってきたかということである[(2)]．

　本稿において私はヴォルフラム・ホグレーベの『諸世界時代』研究を導きの
糸としながら，このように再定義された〈絶対者の現象化〉をめぐる問いに，
後期のシェリングがどのように答えているのかを明らかにしてみたい．

1　予備考察――現象化という用語

《現象化》という言葉自体はシェリング自身のものではない．後期シェリン
グの根本問題を言い表すために，この語を用いたのはスロヴェニアの哲学者ス
ライヴォイ・ジジェクがたぶん最初である．1996 年の『仮想化しきれない残
余[(3)]』の冒頭で彼は，後期シェリングにおける「始まりの問題は《現象化
phenomenalization[(4)]》の問題である」と述べた後で，さらに次のように続けてい
る．

　　ヘーゲルの場合と同様，この問題は，現象の彼方にある叡智的な〈自己
　　自身においてあるもの In-itself〉へといかにして到達するのか，というこ

とではない．真の問題は，一体いかにしてこの〈自己自身においてあるもの〉が自己分裂するのか，またそれは何故なのか，ということである．〈自己自身においてあるもの〉が自己自身に対して距離をとり，こうして自らが（自らに対して）現れる場所を切り開くのはいかにしてか，ということなのである(5)．

　ジジェクの場合，In-itself の自己現象化が非理性から理性への移行である，ということははっきりとは言われていない．しかし 2013 年の論文「形而上学の根本的問いに対するシェリングの答え(6)」においてマルクス・ガブリエルは，ジジェクの用語を継承しつつ，この点を明示している．ガブリエルによれば，シェリングの後期哲学は形而上学の根本問題——〈なぜそもそも何かあるものがあるのであり，むしろ無があるのではないのか〉——に対する答えなのである．

　〈なぜそもそも何かがあるのか〉という問いには〈なぜそもそも理性や自由のようなものがあるのか〉という問いも含まれている．〈なぜ理性があって，非理性があるのではないのか〉と問うことによって，シェリングはカントの《理性の事実性》の立場を超えて《理性の偶然性》の立場に立つ．物自体は理性の前提として単に仮定されるだけではなく，なぜ理性は物自体からこのようなものして出現しえたのか，ということが問われなければならない．こうして〈根本的問い〉は「物自体の現象化の理論 Theorie der Phänomenalisierung des Dings an sich(7)」になる．——以上がガブリエルの主張の大意である．

　さてジジェクとガブリエルはシェリングの後期哲学を——上記のような意味での——In-itself ないし物自体の「現象化の理論」と解するわけであるが，そのとき彼らは共にホグレーベの『諸世界時代』解釈をふまえている．したがって彼らの発言を正しく理解するには，ホグレーベの『諸世界時代』解釈に目を通しておくことが必要になる．そこでしばらくの間，私たちもホグレーベの所説を見ていくことにしたい．

2　後期シェリングにおける現象化の問題
──ホグレーベ『述語づけと発生』（1989 年）

(1)　*Fa* 判断

1)　*Fa* 判断と形而上学

ホグレーベの場合，ジジェクやガブリエルのいう「現象化」に相当するのは「（世界の）発生 Genesis」である．しかし世界の発生は「述語づけ Prädikation」と関連させられている．

> 『諸世界時代』というシェリングの形而上学的企図は，その内的方法論に従って見られるならば，何よりもまず述語づけの解釈学とでも名づけうるものに外ならない．〈述語づけの解釈学〉は〈述語づけの図式を世界の図式として説明するもの〉とも言い換えられる．[(8)]

> 形而上学とは（a）単称判断（*Fa*）の構造を世界の構造と見なして，（b）それを一文字ずつ判読することである．[(9)]

ホグレーベによれば，〈このものはかくかくしかじかのものである〉（*Fa*）という型（タイプ）の判断（単称判断）は，世界と精神との間で行われる認識上の同化についての基本的証言である．それゆえ第一に，単称判断の成立（述語づけ）は世界に関する認識の成立である．しかし第二に，言い換えるとこれは，認識される限りでの世界の発生（つまり，世界が理性の網のなかに捕捉されること＝現象化）でもある．要するに，世界の発生としての現象化は，ホグレーベにおいては，*Fa* 判断の成立と同義なのである．

2)　*Fa* 判断の条件

（a）については以上である．（b）はどのようなことであろうか．

> 〈ある命題を理解する〉とは〈いかなる場合にその命題が真であるのかを知る〉ということである．……これによって私たちはこの単称判断（*Fa*）について──それが真であるための条件を分析するにあたって必要な──

一般的理解を手に入れる[10].

　ここで言われているように，単称判断（＝認識される世界）の構造を「一文字ず
つ判読する」というのは，単称判断が真であるための条件を分析するというこ
とである．ホグレーベの挙げている条件は数多くある．そのうち最も重要なの
が「述語づけの開始条件」と呼ばれる条件である．
　ホグレーベによれば「述語づけの開始条件」とは「私たちのあらゆる認識的
努力の探求ベクトルの向かう先[11]」であり，これは「代名詞的有」とも呼ばれて
いる．「代名詞的有」の詳細は後回しにして，今はそれが「所与の F が属する
ものではなく，あらゆる F，それゆえ Φ が属するもの」であり，また「所与の
a によって指示されるものではなく，あらゆる a，それゆえ x によって指示され
るもの[12]」である，ということにのみ注目しておこう．このもの，つまり Φx は

　　　私たちの〈一にして全 *Ein und Alles*〉である．それは包括的意味におい
　　　て〈あらゆるものの源泉〉である．それはそれ自体いかなる輪郭ももたな
　　　いが，あらゆるものを身に纏うことのできるような，それ自身は単称名辞
　　　と一般名辞に対して無差別であるような何かである．私たちが総じて関係
　　　するものは〈何か或るものであるような何か或るもの *irgendetwas, das*
　　　irgendetwas ist〉である[13]．

　したがって，私たちはこの「第一様態（Prim-Modalität）へと回帰することによ
って可能なものの総体に到達[14]」するが，これとともに私たちには「空間・時間
的に実現される全可能性に発展開始の機会が与えられる[15]」のである．「述語づ
けの開始条件」のもつ，このような性格をふまえるならば現象化に，つまり
「宇宙〔世界〕の発生に備わる形式的構造は常に〈x と Φ であったものが Fa にな
った〉というものである[16]」．

3）　根本的問い
　さて，この「私たちのあらゆる認識的努力の探求ベクトルの向かう先」（Φx）

は，あらゆる「単称名辞と一般名辞に対して無差別である」のだから，かろうじて《これ》という代名詞によって直示しうるのみである．それゆえ，このものをホグレーベは〈代名詞的有 pronominales Sein〉と呼んで，〈名詞的有 a〉，〈述語的有 F〉，〈命題的有 Fa〉から区別している．

当たり前のことだが，〈名詞的有 a〉，〈述語的有 F〉，〈命題的有 Fa〉のいずれでもないのだから，この〈代名詞的有 Φx〉に対しては「探求指令（特定の述語）も特殊な探求領域（特定の単称名辞，目印となる特徴）も私たちは自由に用いることができない」．[17] したがって，このものを（特定の単称名辞や述語を用いることで）明確に規定しようとしても，結局私たちの手の中には何も残らず，言葉はいたずらに滑り落ちるしかない．要するに，私たちは Fa 判断の条件を求めて，次第に「前言語的水準 vorsprachliche Niveaus」[18] に足を踏みいれつつある，というわけである．

ところで「なぜそもそも意味があるのか，なぜ意味の代りに無意味があるのではないのか」[19] という問いが発せられるのは，ここである．つまり，脚下に「前言語的水準」が忽然と現れ，その中へ私たち自身も含めた世界の全体がいわば沈没しつつあるとき，このような問いが私たちを襲うのである．というのも，Fa 判断の成立条件を探し求める途上で，今や私たちは〈命題や判断によって表現される領域〉——ホグレーベの言葉をもじっていえば〈意味の保全区域〉[20]——からの立ち退きを余儀なくされているからである．とはいえ，〈意味の保全区域〉に執着があるかのような，このような〈ものの言い方〉はシェリングには似つかわしくないだろう．彼の本来の意図からすれば，私たちはむしろ「意味論的次元の発生を説明するために……この次元を粉砕しなければならない」[21] のである．

(2)　世界公式

1)　判断論

しかし意味論的次元を粉砕する必要が私たちにあるとして，その理論的根拠はどこにあるのだろうか．この粉砕の根拠はじつはシェリング独自の判断論に

50　シンポジウム

ある．この判断論は『自由論』序論部における同一性の説明に際してすでに完[22]全な形で展開されていた．それによると〈何か或るものであるような何か或るもの〉を x $(=\Phi x)$ とすると，この x $(=\Phi x)$ は a であるとともに F でもある．したがって Fa は，〈a である x〉と〈F である x〉という二つの判断によって構成された，いわば二重になった判断，要するに〈判断の判断〉なのである．

$$a = x \tag{1}$$

$$F_x \tag{2}$$

$$\overline{}$$

$$F_a \tag{3}$$

すると同時に，ここからわかるのは，三つの契機のそれぞれが自立しうる全体である，ということである．したがって〈a である x〉，〈F である x〉，〈Fa である x〉として，これらは各々が独立しうるのだから，Fa は三つのポテンツに，つまり a, F, Fa に分解できる，ということになる．

ただし分解の際に，これらの各ポテンツは意味までも携えていけるわけではない．というのも，単なる一ポテンツとしての Fa にとどまらない Fa 構造そのものが意味の基本単位である以上，この Fa 構造の実現以前には何ものといえども意味をもちえないからである．その結果，三つのポテンツへの分解にともない「無意味の制御不能な散逸が生じる」[23]が，私たちはこの状態を耐え抜いて，三つの「分裂した述語的原子核の亜原子的要素」[24]を用いて命題構造へと復帰しなればならないのである．

2)　世界公式

今は復帰の過程は省略することにして，ただ結果（復帰した状態）にのみ注目するならば，それは次のような公式によってあらわされている[25]．

$$\left(\frac{A^3}{A^2 = (A = B)}\right)B \tag{4}$$

つまり，Fa という意味論的宇宙は〈a である x〉，〈F である x〉，〈Fa である

x〉という三つの前意味論的ポテンツにいったん分解され，そこから再び合成されるのだが，この操作を通して今や初めて意味論的宇宙の真の姿が露わになるのである．この世界公式が表現しているのは，そうした意味論的宇宙の実相に外ならない．ちなみに，これらの記号のうち，B は a に，A は F に対応する．したがって A^2 は $A = B$，つまり Fa である．さらに A^3 は分母である $A^2 = (A = B)$ が——したがって Fa 構造が——そのようなものとして（それ自体として）成立していることを表わしている．

　ところでシェリング自身は「図解のために私たちが世界公式によって表示しうる全体は，分かちがたく結びついた〈一にして全〉（ἓν καὶ πᾶν）である[26]」と述べている．けれども，この〈一にして全〉には一見して奇妙な特徴がある．というのも，命題によって表わされうる意味の領域がまるごと括弧で括られて，その横に記号 B が描かれているからである．それだけではない．認識論的宇宙の外部にある B は，よく見るとその内部にもあって，しかもその位置は右下，言い換えると，ちょうどこの意味論的宇宙全体の起点なのである．その際，これが記号 B によって表記されていることにも留意すべきである．つまり，意味論的宇宙が A^3 として成立しているならば，その A（意味）に端的に対立するもの（無意味）を記号 B は表示している．たしかに B は A によって三重に覆われ，入念に隠されている．しかしこの奥深く秘匿された B（無意味）は，この意味論的宇宙がそこから生起する胚子でもあるのだ．

　ホグレーベ自身は一種のジレンマを表現するものとしてこの公式を解している．彼の理解に従えば，どれほど緊密に構成されようと意味論的宇宙は，それに解消できない外部の何か（要するに意味でないもの＝括弧外の B）に依存している，という致命的脆弱性をもつ．しかもこの脆弱性は原理的に除去不能である．なぜならば，それ自体が存立するために意味論的宇宙は，この何か（＝括弧内の B）による不断のエネルギー供給を必要としているからである．

3）　述語的回転

　しかしこの公式の核心に至るには，私たちはもう一歩だけ奥にふみこまなけ

ればならない.

　A^3 という命題構造は単にそれだけで存立しているわけではなく, さらに A^2 ＝ $(A = B)$ という下部構造をもつ. このことに目を向けてみよう. この A^2 ＝ $(A = B)$ から A^3 への移行がまさに意味論的宇宙の発生 (現象化) に外ならないのだが, その前に立ち塞がるのが「述語的回転 Prädikative Rotation」と呼ばれる事態である. ——B から出発し, B と A の同一性を確立するために A^2 へと至ったとしても, この A^2 は単なる可能性にとどまるために, そのままでは現実性へ移行できず, 結局 B へ逆戻りしてしまう. ——この〈振り出しに戻る〉が無限に繰り返される悪夢的状況に, ホグレーべが与えた名が「述語的回転」である. この「述語的回転」をふまえて先の世界公式を見直すことにしよう.

　「述語的回転」を顧慮すると, $A^2 = (A = B)$ という図式は盲目的生成を表す図式でもある, ということになる. 盲目的生成とは, あらゆる差異を——それが確立される寸前で——絶えず飲みこみながら, ひたすら空転するだけ生成のことをいう. そのようなものである限り, この盲目的生成が生みだすのは〈自分自身に似ていない (sui dissimile) もの〉, 自己自身と同一でないもの, 要するに, 同一律に反する何ものかであり, したがって〈ひとを狂わせるもの〉でもある. 狂ったように回転するこの車輪に仮に《ブレーキをかける》ことができたなら, そのとき初めて A^3 が成立するだろう. しかしこれは二つのことを意味している.

　第一に, つきつめて言えば, それは $A^2 = (A = B)$ と A^3 の間には《ブレーキがきいている》か否かという相違しかないということ, つまり狂気と正気の間には紙一重の差しかないということである. 言い換えると, 意味論的宇宙と言われるものは, かりそめに正気 (意味) の衣をまとった狂気だ, ということになる.

　しかしそれだけではない. 第二に, $A^2 = (A = B)$ と A^3 の間には《ブレーキがきいている》か否かという相違しかない以上, この違いを度外視してしまえば, 「述語的回転」というこの空転する過程は, 私たちの意味論的宇宙においてもなお, その鼓動を刻む当体, その心臓部だということになる. あるいは,

先ほど語られたように，意味論的宇宙のエネルギー源が B ならば，それを宇宙全体に送り出し，行き渡らせるのが「述語的回転」だということもできるだろう．

このような二重の意味において「ただ狂気 Wahnsinn があるがゆえにのみ意味 Sinn はある[28]」といわれる．「述語的回転」をめぐる洞察の内に〈有は無意味である Sein ist Unsinn〉という世界の秘密が明らかになるのである．

3　有と理性の刷新された在り方

〔世界公式において B によって表される〕代名詞的有は述語によっても，命題によっても抹消されえない．これは〈意味論的観念論は代名詞的有において挫折する〉ということである．〈何か或るもの〉は〈合理的なもの〉を突き刺す〈合理性以前の棘〉である[29]．

このホグレーベの言葉を，私たちの関心に引きつけて言い直せば〈後期シェリングの現象論の実質は意味論的観念論の批判にある〉となるだろう．しかしこの批判は破壊に終始するのではない．

シェリングは，ある意味で分析的な観念論者とも名づけうる思想家である．しかしシェリングが分析によって解体するのは，結局のところ観念論そのものであり，彼が分解生成物として手にするのは観念論とは似て非なるものである[30]．

この「観念論とは似て非なるもの」が批判の積極的成果である．それは第一に「有の意味は意味論的に組織された私たちの探求の次元を超えた地点にまで及んでいる[31]」という認識である．しかし，このように意味論的次元を超越する有の意味について私たちに何らかの情報が与えられているならば，私たちは意味論的次元の周辺地域とともにかくにも接触している，ということになる．それゆえ批判の第二の成果は〈脱自的理性〉の概念である．この概念に従えば，私たちは意味論的・感覚的領域の内部で同一性を構築するものの，私たちの精

神そのものはつねにすでにこのような意味論的・感覚的領域の外部にあるのである.

> このような前合理的な〈有の意味〉，この脱自的存在《概念》は〈何か或るもの〉を，あらゆる概念性に先行して存在し，それゆえ概念的ではなく概念なしに，純粋に経験的に認証されざるをえない〈何か或るもの〉を当てにしている．ここではこの純粋な経験は〈何か或るもの〉へと代名詞的に関わる〈理性の脱自〉という様式をとる.[(32)]

　ここからひるがえってみるならば，シェリングの世界公式は有と理性の刷新された在り方そのものの図式でもあるだろう.

4　二つの比較——理解のために

　ホグレーベの研究に基本的に依拠しながらも，同時に私たちは，本シンポジウムの趣旨に則って〈後期シェリングの現象論〉に照準を定め，〈ヘーゲルの同一哲学批判に対して後期シェリングがどのように応じたのか〉ということを明らかにしようと努めてきた．それによると〈後期シェリングの現象論〉は現象の領域をいわば〈無意味の海〉によって囲まれた〈意味の島〉として描くものである．ところが，この島も海山の頂にすぎないとすると，〈意味の島〉の大部分は今もなお〈無意味の海〉に没している．それだけでなく，私たち自身がこの海から陸地へとはい上がり，ついに〈理性〉と呼ばれるものになったのである．仮にこのように〈後期シェリングの現象論〉を要約しうるとすれば，それは第一に〈意味論的観念論の批判〉として特徴づけられる．しかし第二に，いっそう重要なのは，この批判が〈述語づけの理論〉という形態をとる，ということである．この二重の特徴を十分に玩味するために，最後にごく簡単ではあるが，これを二人の哲学者の立場と比較してみたい.

　主著『シンボル形式の哲学』第2巻「神話的思考」（1925年）においてカッシーラーは〈ヘーゲルは『精神現象学』を感覚的確信からではなく，シェリングにならってもう一段階下げて神話的思考から始めるべきであった〉と述べてい

る．カッシーラーによれば，シェリングによって史上初めて〈神話は幻想である〉という理解が乗り越えられ，神話的思考にカント的意味での自律性（アウトノミー）を認める道が開かれた．けれども新カント派の文化哲学者カッシーラーは〈神話的思考が絶対者から演繹される〉という点に疑義を差し挟み，もっぱら神話的思考の批判に，つまりその超越論的諸条件の析出にとりくむのである．——このように当初シェリングの洞察の極めて近くにありながら，カッシーラーは次第に遠ざかってゆく．ヘーゲルを超えて後期シェリングへと進むのではなく，身を翻してヘーゲルからカントにまで撤退するのである．

　一方，ハイデガーの講演『形而上学とは何か』（1928 年）によれば，〈形而上学〉とは〈有るもの〉としての〈有るもの〉を全体として「超えて」出てゆくことである．しかし全体としての〈有るもの〉を超え出るとは，開かれた無の場所に全体としての〈有るもの〉が保たれるということである．「現有（ダーザイン）」とはこの無の場所を開き保つ「超越」そのものである．しかしこの無は通常は隠されており，不安の経験においてのみ明らかになる．不安において〈有るもの〉は個々の〈有るもの〉としての輪郭を失う．全体としての〈有るもの〉が無と一つになって，私たちの手から滑り落ちつつ，見知らぬ姿を露わにする．ここに「何故」が，つまり「なぜそもそも有るものがあるのであって，むしろ無があるのではないのか」という問いが立てられる．——このように「形而上学の根本的問い」とともにハイデガーは後期シェリングの問題圏に次第に足をふみいれてゆく．しかしハイデガーが『ヘルダーリンの詩の解明』へ向かったとすれば，シェリングは青年時代以来の〈詩〉の誘惑を最終的に断ち切って〈述語づけの理論〉に辿りつくのである．

注
⑴　本稿は 2019 年 11 月 24 日上智大学にて開催された日本フィヒテ協会第 35 回大会のシンポジウム「ドイツ観念論の内部論争—絶対者の現象を巡って」における発表原稿をもとに全体にわたって加筆訂正を行い，新たに第 4 章を追加したものである．当日は，お招きいただいた美濃部仁会長をはじめ，司会の山口祐弘先生，提題者の鈴木伸国先生および早瀬明先生に大変お世話になった．また上記の先生方ばかりでなく，大会会場や懇

親会の席で会員の皆様から，私の発表について貴重なご意見を数多く賜った．ここにあらためて感謝申し上げる.

(2) F. W. J. Schelling, *Grundlegung der positiven Philosophie. Münchner Vorlesung WS 1832/33 und SS 1833*, Torino: Bottega d'Erasmo, 1972, S. 222.

(3) Slavoj Žižek, *The Indivisible Remainder: Essays on Schelling and Related Matters*, London; New York: Verso, 1996.

(4) Žižek, S. 14

(5) Ibid.

(6) Markus Gabriel, „Schellings Antwort auf die Grundfrage der Metaphysik in der Urfassung der Philosophie der Offenbarung", in: D. Schubbe, J. Lemanski, R. Hauswald (Hg.): *Warum ist überhaupt etwas und nicht vielmehr nichts?: Wandel und Variationen einer Frage*, Hamburg: Felix Meiner, 2013.

(7) Gabriel, S. 164

(8) Wolfram Hogrebe, *Prädikation und Genesis: Metaphysik als Fundamentalheuristik im Ausgang von Schellings „Die Weltalter"*, Frankfurt am Main: Suhrkamp, 1989, S. 11.

(9) Hogrebe, S. 41.

(10) Ibid.

(11) Hogrebe, S. 64.

(12) Hogrebe, S. 66.

(13) Hogrebe, S. 65. これは実質的にカントの「超越論的理想」と同じものだが，これをシェリングは存在論的に読み換えているわけである．Vgl. Hogrebe, S. 66ff.

(14) Hogrebe, S. 68.

(15) Ibid.

(16) Hogrebe, S. 69.

(17) Hogrebe, S. 66-67.

(18) Hogrebe, S. 46.

(19) Schelling, *Grundlegung der positiven Philosophie*, S. 222.

(20) Vgl. Hogrebe, S. 13.

(21) Hogrebe, S. 46.

(22) Schelling, *Philosophische Untersuchungen über das Wesen der menschlichen Freiheit und die damit zusammenhängenden Gegenstände*, in: *F. W. J. von Schellings sämmtliche Werke*, Hrsg. v. K. F. A. Schelling, Abteilung 1, Bd. 7, J. G. Cotta'scher Verlag: Stuttgart und Augsburg, 1860, S. 341f.

(23) Ibid.

(24) Ibid.

⑵ Schelling, *Die Weltalter*, in: *F. W. J. von Schellings sämmtliche Werke*, Hrsg. v. K. F. A. Schelling, Abteilung 1, Bd. 8, J. G. Cotta'scher Verlag: Stuttgart und Augsburg, 1861, S. 312.

⑵ Ibid.

⑵ Hogrebe, S. 94.

⑵ Hogrebe, S. 114.

⑵ Ibid.

⑶ Hogrebe, S. 9.

⑶ Hogrebe, S. 121.

⑶ Hogrebe, S. 122.

【シンポジウム】　　ドイツ観念論の内部論争——絶対者の現象をめぐって——

絶対者の現象性
——体系知の根底にある存在論的自由——

Das Absolute und das System des Wissens
——Der Begriff der ontologischen Freiheit als Grundlage des systematischen
Wissens——

早瀬　明
Akira HAYASE

0　「絶対者の現象」という問題を論じる視角

現象という概念からは，直ちに精神現象学内部に於ける現象知と実在知との区別が想起される．その地平で「絶対者の現象」という事態を論じることは可能であろう．また，論理学内部のカテゴリーとしての現象に着目して「絶対者の現象」という事態を論じることも可能であろう．

然し，現象知と実在知という知の全体を，或は，精神現象学及び論理学という二つの学自体を，更には，学の体系全体を，現象という視点から位置付けることも可能なのではないか．本稿では，知 Wissen 或は学 Wissenschaft を成立せしめる根拠を問うという視点から「絶対者の現象」という問題に接近することを試みたい．

1　「絶対者」「現象」というカテゴリーの適用水準
——特に論理学との関係を糸口として

1-1　問題提起

一般にヘーゲルの哲学体系は，論理学は勿論，その全体が知の体系である，それ故，ヘーゲルの哲学体系が，ヘーゲルの理解する絶対者 das Absolute 即ち理念 Idee の叙述 Darstellung である，と看做される時には，絶対者と知との

間に如何なる飛躍も存在しない，と想定されている．然し，果たしてそうであろうか．ヘーゲルに於ける知の体系性の成立根拠を問い詰めていくと《知と絶対者との間に飛躍乃至断絶の存在する可能性》が見えてくるのではないか．

　知と絶対者との間を問い，そこに《飛躍を孕みつつ成立する絶対者の存在》を考えることができるとすれば，そのような絶対者の本性を如何に理解すべきであるかを問う，それが本稿の課題設定である．

1-2　「絶対者」並びに「現象」概念に就いての予備的反省

　ヘーゲルの構想する論理学は，理念的なもの・イデア的なものとしての絶対者を，その叙述の対象としており，論理学の叙述は，イデア的な絶対者＝理念の自己叙述 Selbstdarstellung の運動の叙述と理解されている．斯様な論理学の叙述を，上述の様な問題意識から見る時，知の体系としての論理学を，更には，論理学を第一部として含む Enzyklopädie 体系全体を，「絶対者の現象」として位置付け得る可能性が出てくる．とは云え，茲では，差し当たり自然哲学や精神哲学を考慮には入れずに，論理学だけに議論を限定する．

　その時，「絶対者の現象」と言われる問題に於ける「絶対者」は，所謂『大論理学』で論理学の内部に登場する「絶対者」とは水準が異なる．何故なら，前者は，知の総体に関わるものであるのに対して，或は，知を超え出るものに関わるものであるのに対して，後者は，知の一形態に関わるものに過ぎないからである．同様，「絶対者の現象」と言われる問題に於ける「現象」は，論理学の内部に登場する「現象」とは水準が異なる．その理由は，上と同様である．従って，論理学がカテゴリーの体系であるとすれば，我々が論じようとする意味での「絶対者」「現象」は，論理学そのものを記述するためのメタ・カテゴリーと理解することもできるかもしれない．

　更には，上の様な問題意識から出発する時，実は，後に考察するように，「絶対者の現象」を問う時の「絶対者」は，論理学の叙述の対象とされる限りでの絶対者，即ち理念とも必ずしも同一とは限らない．寧ろ，《論理学従って知を超え出る可能性を孕むもの》として，「絶対者」は理解されねばならない，そう

した解釈可能性が生じてくるのではないか.

2　知の体系性の根本原理としての，知の円環性

　問題は，何故に，上述の様なメタ・カテゴリーの導入が必要となるか，という点に在る. その根拠は，ヘーゲルの体系構成そのもの，即ち，体系知の円環的構造の裡に見出すことができるであろう.

2-1　知の体系の円環構造――円環構造の必然性

　神の存在論的証明の遂行とも言われる論理学は，存在 Sein と概念 Begriff とを契機とする理念 Idee の運動と看做し得るが，その理念の運動を構成する，存在から概念へ至る運動が，同時に，概念から存在へ至る運動でもある，という円環的構造の成立する必然性を，ヘーゲルは論理学の展開全体を通して示している. 斯様な全体的展開の構造を記述するメタ概念が絶対的方法 die absolute Methode であり，その構成契機が始元 Anfang・進展 Fortgang・終局 Ende である. 知の体系は，自己内完結性が貫徹される限りで，その全体も，全体を構成する諸学も，等しく円環的構造をもつとされる. その意味で，円環性は，ヘーゲル哲学体系全体の構造的特性である. 然し，斯様な円環性は，重大な困難を抱えている.

2-2　円環の構造的困難――始元の問題

　上述の円環構造は，その理解に於いて一つの非常に困難な問題を含む. 即ち，始元の問題である. 始元の論理構造を簡潔に整理した Enz. §238 では，始元の存在 Sein が „die Negation des Begriffs" と規定されるが，この否定を論理学の中に如何に位置付け得るかが問題である.

　論理学が概念の運動を叙述するものであるとすれば，我々がその叙述の中に見出した問題は,《概念の運動は如何にして概念の否定から始まり得るか？》と定式化できよう. この問題は，所謂大論理学始元論の冒頭に掲げられた問い „Womit muß der Anfang der Wissenschaft gemacht werden?" を承けて，

„Wie kann der Anfang der Wissenschaft gemacht werden?" という問いを提起しようとするものであるとも言い得るであろう．この問いを突き詰める時，学乃至知の内部に，その否定の場所を見出すことの困難に遭遇せざるを得ない．即ち，この否定を考えようとすれば，知の内部には止まり得ない，という問題に遭遇せざるを得ない．この事態を「知の破れ」と呼ぶことにする．

3 知の円環的構造に於ける「知の破れ」
——知の体系性は，知の否定，知の破れを含む

　自己完結的円環構造をもつとされる知の体系は，知が途切れる謂わば「知の破れ」を含み，それ無くしては成り立ち得ないものなのではないか．恐らく，知の破れは，体系知が「諸円環の円環」と規定される限りで，体系の至る所に見出される可能性がある．然し，知の破れが最も尖鋭な仕方で現われ出て来るのは，論理学の始元論に於いてであり，現象学と論理学の接続部分に於いてである．

　其処での事態の分析は，他の諸部分の理解に繋がっていくであろう．

3-1　知の完結性と知の破れ

　知の完結性（体系性）は，知の破れによってのみ可能である．知の体系性を徹底することによって導出されてくる斯様な結論は，知の本性について何を意味するか．

3-1-1　論理学に於ける始元の問題——anfangen の問題

　知は，《知に到達する運動》によって初めて始まり得るのではないか．換言すれば，Anfang としての Sein は，anfangen という運動の結果としか考えられない．Logik は，Logik へ到達する運動 anfangen を俟って初めて成立し得る．換言すれば，Wissenschaft は，《Wissen へ到達する運動》を俟って初めて成立し得る．これは，知の成立に対する，拙稿での最も根本的な見通しである．とすれば，anfangen という運動を通して何処から Sein に到達するのか．換言す

れば，《anfangen という運動は論理学の何処で生じる運動であるか？》

　この問題は，嘗て高橋里美が『全体の立場』に収録された論文に於いて鋭く指摘した点に，その起源をもつ．高橋は言う．「彼れ〔ヘーゲル〕は自ら主張する如く単に有から始めたのでなく，「抽象的な有」〔抽象作用の結果としての有〕から始めた．……それ故に有は第一の始元ではなくして，実は第二の始元である．抽象作用としての第一の始元が，第二の始元に自己を限定したのが，純粋有である」（『全体の立場』25頁）．高橋里美の洞察は真に鋭く，ヘーゲルの体系が自身の主張乃至説明と異なる原理に支持されている可能性を抉り出したのである．但し，「抽象作用」という表現からも明白な様に，その原理が何処までも《論理学内部の過程》として位置付けられている．

　然し，筆者は嘗て，斯様な洞察に示唆を得て，斯様な運動に対する認識をヘーゲルがもっていた可能性を，新プラトン主義の哲学からの示唆乃至影響という視点から，フィヒテ協会第14回大会で，指摘した（『フィヒテ研究』第7号，1999年，51頁以下）．ヘーゲルに対する新プラトン主義哲学の影響に就いては，ほぼ同時に，Jens Halfwassen の浩瀚な研究が公刊された[1]．この研究は，reines Sein 自身が直ちに絶対者となり，reines Sein 従って reines Denken を超越する絶対者はヘーゲルに於いて構想されていない，とする立場に立つ．然し，始元が即自的には終局であるという事態が如何にして可能であるか，という問題に解答し得るものであれば，斯様な仕方で論理学とその始元を解釈する事に，同意できるが，その即自性を可能にしている否定を，この解釈は説明し得ているか，疑わしい．

　我々の結論は以下の通り．即ち，知へ到達する anfangen の運動は，知の内部での運動であり得ず，知を超え出た所から知へ到達する運動でしかあり得ない．そして，ヘーゲルは斯様な可能性を認めていた，と．その成果を，以下の議論での前提とする．

3-1-2　現象学に於ける絶対知の問題
——das absolute Wissen と anfangen との接続の問題

　現象学は，一方では，限定された知の諸形態を意識が，反省の運動を通して，超え出ていく運動の叙述であり，他方では，そうした運動として絶対者が現象してくる運動の叙述でもある．現象学の最後に位置する絶対知 das absolute Wissen は，論理学に於ける絶対的方法と同様，部分へと限定されていた現象知が総合されて全体的連関の中に取り戻されると同時に，反省の運動が自己内反省へと構造転換される場所である．

　然し，緒論に於いて示された現象学的知の構造を超え出るような，換言すれば，論理学に於いて要求される，現象知と実在知の対立を超えるような，そうした知の地平は絶対知の叙述の中では開示されていない．換言すれば，如何にして絶対知から論理学へ到達し得るかは，「絶対知」の叙述の中では明らかにされていない．現象学に於いても，論理学の場合と同様に，如何にして現象知は存在の知として始まり得るかという問題とは別に，〈現象知の過程的全体〉＝〈〔意識に現象する限りでの〕絶対者の知〉即ち〈絶対知〉は如何にして anfangen という運動に接続し得るか，換言すれば，Phänomenologie は如何にして Logik の Anfang に接続し得るか，という問題は残されたままである．anfangen という出来事は，Phänomenologie との関係では，一体如何に位置付けられるのか？

　Phänomenologie と云う学自体にも，現象知と実在知の対立の成り立つ場所である意識を超え出なければならない，という問題がある．更に，論理学の始元での考察を踏まえるならば，意識の運動の内に同時に現象してきていた絶対者は，実は，《知を超えた所から現象してきた》のではないか，と云う可能性すら生じて来ざるを得ない．もしそうならば，現象学に於ける意識の運動は，《現象学 Wissenschaft という知 Wissen の地平を超え出た所で初めて，出発点に還るという意味で完了し得るような運動》と理解せざるを得ないのではないか．換言すれば，das absolute Wissen で閉じる現象学は，本来，それ自身が，Wissen を超え出ていく Wissen の自己超出の運動，或は，知の根底への還帰の運動として理解されるべきものなのではないか．もし現象学がそうした運動と

して理解されるべきであるとすれば，ヘーゲルが提示した限りの絶対知は，現象学的知内部の到達点ではあれども，現象学的過程の最終的到達点ではあり得ないだろう．何故なら，現象学は，知を超出し得て初めて，その課題を完遂する，と言うべきであるにも拘わらず，その点に関する解明を含んでいないからである．この意味では，現象学も知の破れを「彼方」乃至「背後」に秘めている，と理解せざるを得ない．ヘーゲルの議論を徹底していくと，斯様な理解に行き着かざるを得ない．

3-2 否定の場所

上で我々は，ヘーゲルが，始元の存在 Sein は概念の否定 Negation des Begriffs である，と述べていることを，確認した．我々が問わんとしているのは，Negation des Begriffs という事態が Logik 内部では生起し得ないのではないか，という可能性である．上で引用した高橋里美は，始元としての純粋有に「抽象作用としての第一の始元」が先行しなければならない必然性を，指摘した．然し，我々は，そうした「抽象作用」としての anfangen という働きが，実は，既に Logik の内部にその場所を有し得ないのではないか，と主張した．

ヘーゲル自身もこの困難に部分的に気付いていた様にも見える．Heidelberg 時代に公刊された Enzyklopädie 初版以来，彼は，„Entschluß, rein denken zu wollen" という概念を持ち出してくる．即ち，論理学以前の推論的思考を断ち切る Ent-schluß を論理学の始まりの前提条件とした．

> „Sie（die gänzliche Voraussetzungslosigkeit）ist eigentlich in dem Ent-schluß, rein denken zu wollen, durch die Freiheit vollbracht, welche von allem abstrahiert und ihre reine Abstraktion, die Einfachheit des Denkens, erfaßt."（Enz. 3.Auf. §78.）

然し，Entschluß という概念を持ち出して来ても問題が解決する訳ではない．《円環的な Logik 自体を可能ならしめる Voraussetzungslosigkeit》が如何にして可能となるか，が十分には説明されていない．Logik の円環の中に入る為の

条件が説明されているに過ぎない．或は，現象学という（嘗て体系第一部として構
想された）体系予備学の不要性が語られているに過ぎない，とも言える．然し，
問題は，„Entschluß, rein denken zu wollen" という事態を，或は，„die Freiheit,
welche von allem abstrahiert" という事態を，Logik 内部での Logik 自体の成
立可能性の問題として考えることができるか否か，もし可能ならば，如何にし
てか，である．

　我々は，茲で，「自然的意識」が如何にして anfangen という過程に入り得る
かという問題に対するヘーゲルなりの解答を見出しはするが，Negation des
Begriffs という過程を Logik 自身が如何にして遂行し得るかという問題に対す
るヘーゲルの説得的解答を見出しはしない．Logik が理念の運動の叙述である
とすれば，理念が Logik を始める運動は Logik の何処に位置し得るか．この問
題は，やはり，《Logik 内部では解決不能の問題》として残っていると見える．

4　知の根拠——問題の背景

　知の体系的叙述を円環的構造の確立として企てたヘーゲルの根本的意図は，
知の必然性を知自身によって絶対的な仕方で根拠づけることに在った，と思わ
れる．体系の円環的構造は，そうした意図に根拠をもっていた．円環は完結
性・絶対性を意味すると理解されていたからである．

　我々が上で確認した問題は，① 円環的知は，知がそこから出て来ると同時に
知がそこへ還って行く処を必要とする，② 然し，そうした場所は知の円環の内
部には存在し得ない，という問題であった．換言すれば，知の必然性の絶対的
な根拠付けの為には，知を超え出ることが必要となるのではないか，という問
題であった．この問題を，知の絶対的な根拠付けというヘーゲルの意図が《破
綻》したことを意味すると解釈することも可能かもしれない．然し，拙稿では，
知を超え出ることによって知の絶対的な根拠付けを企てようとする《意図》が，
少なくとも意図が，ヘーゲルには存在した，とする解釈の可能性を追求しよう
とする．

4-1　知の絶対的な根拠付け

　知を絶対的な仕方で根拠づけるという企ては，一体，何処にその糸口が存在するのであろうか．

4-1-1　知を知によって絶対的な仕方で根拠づけようとする企ての歴史的起源

　出発点を前提して演繹的に知の体系を構築しようとするエウクレイデスの『原論』の方法は，周知のごとく，極めて大きな成果を上げた．しかし，出発点そのものは，証明されざる前提として残された．その後に体系を構成しようとした多くの者も，エウクレイデス同様に，出発点となる前提を，体系自身によっては根拠づけられていない前提として残してきた．

　然し，ヘーゲルは，終局点から根拠づけられるような出発点をもつ自己完結的＝絶対的な知の体系が可能である，と考える．そして，知の円環的構造こそは，その可能性を現実化する所以である，とされる．

4-1-2　企ての孕む困難の克服の可能性

　上で指摘した《知の破れ》という問題は，斯様な円環的構造をもつ根拠付けが如何にして可能となるかという問題が惹起する問題である．即ち，知による根拠づけは終局点に至って初めて可能になるのに，如何にして知は必然的なものとして始まり得るのか．知が必然的なものとして始まり得るためには，始まるという事態の裡に何らかの必然性が存しなければならないが，その必然性自体は，始まりという事態の本性の故に，知の内部には存することができない，という問題である．具体的に言えば，Logik が Sein から始まらねばならない必然性を Logik 自身の内部で本当に根拠付け得ているか？　という問題である．

　問題は，斯様な「知の破れ」を受け入れる仕方で知の根拠付けが可能であるか，或は寧ろ，《果たして，この困難＝「知の破れ」を何らかの仕方で積極的に意味づけることのできる思想がヘーゲルの中に存在するか》という点に在る．

　「知の破れ」を含む仕方での知自身による知の絶対的な根拠付けを可能にする原理は何か．或は，論点を少し先取りした仕方で言えば，知自身を超え出る

ことが同時に知自身を根拠づけることにもなる知の運動の原理は何か．仮にそうした運動が可能であるとした場合に，知を超え出て知の彼方にある者とは，何か．斯様な構造をとりながら知或は概念として erscheinen してくる者とは，何者か．それが問題である．

4-2　絶対者と自由

　知を超え出ながら知の根拠であり続ける，或は，知を超え出ることによって初めて知の根拠であり得る者，斯様な者こそ，ヘーゲルが知の体系全体の根底に想定している絶対者（das Absolute）ではないか．斯様な絶対者概念の成立を，ヘーゲルの思想の裡に想定し得るのではないか．拙稿は，斯様な見通しの下に新しい解釈可能性を問う．

4-2-1　絶対者の現象──問題成立の場所

　上述の様な絶対者概念を想定する〔始元論以外の〕副次的な根拠は，『論理学』の序論に於いてヘーゲルが述べた下記の有名な条と『ヨハネの福音書』との対応に在る．

> „Die Logik ist sonach als das System der reinen Vernunft, als das Reich des reinen Gedankens zu fassen. Dieses Reich ist die Wahrheit, wie sie ohne Hülle an und für sich selbst ist. Man kann sich deswegen ausdrücken, daß dieser Inhalt die Darstellung Gottes ist, wie er in seinem ewigen Wesen vor der Erschaffung der Natur und eines endlichen Geistes ist.“

　問題は，この記述を，ロゴス（Logos）[2]という表現が示唆する，『ヨハネの福音書』冒頭部分との対応関係に基づいて理解した時の《ロゴスから区別された神》を，ヘーゲルの体系の何処に見出し得るか，という点に在る．

　茲で，我々は，「永遠なる本質の内にある限りの神」を「父なる神」とは看做さず，「ロゴスとしての神」「子なる神」と看做す．換言すれば，我々は，上の

引用が，三位一体論に於ける《父なる神》と《ロゴス或は子なる神》との関係に比すべきものを，上述の意味での《絶対者》と《知〔論理学〕》との間に見出す，そうした解釈の可能性を示唆している，と考える．

　斯様な区別に着目する解釈を支持する，1827年の『宗教哲学講義』の一節を引用しておく．

> „Zuerst der Vater, das Eins, das ov , ist das Abstrakte, das als Abgrund, Tiefe, d. i. eben das noch Leere, das Unsagbare, Unbegreifliche ausgesprochen wird, das über alle Bgriffe ist. … Das Zweite, das Anderssein, das Bestimmen, überhaupt die Tätigkeit, sich zu bestimmen, ist nach der allgemeinsten Bezeichnung $\lambda\sigma\gamma o\varsigma$, die vernünftig bestimmende Tätigkeit, auch das Wort.[3]"

　上掲の拙論で示した様に，三位一体の神に就いての斯様な解釈は新プラトン主義哲学の影響下に在る．新プラトン主義の哲学に於ける《ロゴスを相対化する視点》は，ヘーゲル哲学の理解に於いて大きな意味をもつ．

　本稿の主題である「絶対者の現象」という問題は，斯様な関係に注目した時に初めて，それを論じるべき本来の場所に到達する，と考えられる．そして，斯様な視点から見る時，「概念の否定」という事態は，それ自体が概念である理念の契機としての存在が，同様に理念の契機である概念の否定である，という意味でのみならず，寧ろ，広義に於ける概念総体の否定（或は，理念総体の否定とも言い得るであろう）という意味で理解されるべきである，と考えられる．即ち，概念総体の否定，知の否定が論理学に先行する．従って，《知を超え出た所から論理学は始まる．》そう考えざるを得ない．換言すれば，ヘーゲルの論理学構想は，論理学という知の境位へ到達する運動としての絶対者の概念を含む．そして，この運動こそが，根源的な意味で，絶対者の現象である．

4-2-2　類比的推測
　然し，永遠の本質としてのロゴスを超え出た存在としての絶対者に就いて，

何事かを概念的に語ることは，果たして可能であるか．原理的な問題として，斯様な絶対者自身を何者かとして規定することには，根本的な困難が存在する．何故なら，絶対者自体が知を超え出た者であるにも拘わらず，規定は既に知の働きなのであるから．それ故，恐らくは，《絶対者とその現象の関係》を《他の関係》との類比を通して推測するより他に方法が無いであろう．

　尤も，上の引用で明らかな様に，ヘーゲル自身は，「総ての概念を超え出た」絶対者を，「父なる神」「一者」「存在」「抽象的な者」と概念的に規定しようとしている．茲にはヘーゲルのプロティノス解釈での不徹底が認められる．そして，その不徹底は，ヘーゲル自身の思索の裡にも引き継がれている．例えば，現象学の感覚的確信の章に於ける「存在」の理解などに．

　所で，ヘーゲルの中に，絶対者の何たるかを類比的に推測する手懸りを探し求めるとすれば，恐らく自由（Freiheit）の概念しかあり得ない．即ち，「他者の中にありながらも自己の許にあり続ける」という自由概念の含む，自己と他者の関係こそは，恐らくは，類比的推測のための唯一の手懸りである．

　この問題を考える為に，上掲の自由の規定を更に掘り下げて考える．「他在の内で自己の許に在る」とは，一般に，対他関係の中で自己関係を回復する事，他者の前提から出発して他者を自己として取り戻す事と理解される．従って，自由は，他者の存在を前提する社会的関係の中で機能する原理として，理解される．

　然し，本質的には，その他者の存在は自己が要求したものであり，他者の存在は自己によって根拠づけられたものである．そして，斯様な論理が可能であるためには，自己と他者との間に根源的同一性が成り立っていなければならない．果たして，自由が語られる時，絶対的他者は想定されていない．他者が絶対的前提としてある限り，自由は原理的に成立し得ない．自由は，他者の前提性・直接性を否定し得る所でのみ，成り立ち得る．換言すれば，自己と他者の関係自体を措定する運動が成り立ち得る所で初めて，自由は成立し得る．

　斯様な自由の規定は，知を超え出るものであると同時に知を根拠付け知自身でもある絶対者に就いての緩い意味での，即ち，類比的にのみ成り立ち得ると

いう意味での,「規定」でもあり得るだろう. 即ち, 絶対者は, 自分の他者であ
る知となると云っても自分の現象である他者となるのであるから, 常に自分の
許に在るのであり, その意味で自由である, と. この意味で, 絶対者とその現
象という関係規定は, 絶対者を自由なものとして理解することを可能にしてい
る, と言い得るであろう.

5　自　　　由

　ヘーゲル形而上学の中心概念と言うべき絶対者に就いて言われる自由概念の
奥行を掘り下げる.

5-1　存在論的概念としての自由

　上述の様な, 絶対者の自由を, 如何に理解すればよいか. 根本的な意味では,
自由という概念は, 理論と対立した意味での実践の場でのみ成り立つ概念では
なかろう. 寧ろ, 理論の場で知乃至概念についても, 更には, 絶対者という最
も根源的な存在の在り方を示す存在論的概念としても成り立ち得る, と理解す
べきものであろう. 但し, 知を超え出る要素をもつ者についても存在論（Onto-
logie）を語ることが可能である, 或は, 知を超え出る者についても, 何らかの
意味で〔辛うじて類比的な意味で〕知が成り立ち得る, という前提の上での議論で
ある.

　斯くの如く, 絶対者に就いて自由を語り得る一方で, 自分を超え出る仕方で
しか自分の根拠に到達できない知自身も, 自分を否定し超え出ることが自分の
根拠に到達することであるという意味では, 自由である, 換言すれば, 知自身
も自由なものとして成り立っている, と言い得るのではないか. 知は, その働
きを遮ることが本来不可能であるという一般的な意味で自由であるのみならず,
寧ろ, 知は, 自身を超え出る自己否定の可能性の故にこそ自由である, と言う
べきではないか.

　とすれば, ヘーゲルの哲学は, 最も根本的な意味で, 自由の哲学であること
になろう. 即ち, 根源的に自由な者（＝絶対者）によって根拠づけられ, 且つ,

根源的に自由な者の現象として，その現象（＝知）自体が自由であるものとして，成り立っている哲学であることになろう．精神現象学の絶対知から論理学の始元への移行に潜む「破れ」は，そうした自由が，その姿を現す場所として，ヘーゲルの自由の哲学にとって本質的な意味を持つ場所なのではないか．換言すれば，知は，その可能性が極まる所で，その本質を明らかにする．そう言えるのではないか．そして，自由は，「破れる」所で，その本質を現わす，と．

5-2　自由としての現象

　絶対者自身とその現象を共に自由なものとして理解することの意味は何処に在るのか．自由が他者を要求し他者との関係を必然的に含むという点は重要であろう．ヘーゲルに於いては，自由であることと他者に関わることとは本質的に同義〔原理が同一〕であり，それらの両者は，元々から同根であるが故に，換言すれば，体系の根底に在る絶対者の本性から必然的に帰結することであるが故に，同義であり得る，と理解すべきであろう（「他者に関わる」とは，自己関係を捨象した対他関係を指すものではない）．

　一切の関係が絶対者の自由を原理として成り立つとすれば，換言すれば，一切の関係は絶対者自身に由来するとすれば，当然，現象することそれ自体も，更に，現象内部の諸関係も全て，自由を原理として成り立つことになるのではないか．換言すれば，erscheinen と frei sein とは本質的に同義であることになり，Erscheinung それ自体も，それが本質的に対他関係である限り，根本的には Freiheit と同義であることになる．当然，意識（精神現象学）に於ける自己と他者乃至対象との関係も，根本的には，絶対者の本性即ち自由から必然的に帰結するものと理解されるべきものであろう．

　結局の所，絶対者に就いて Freiheit を語ることは，如何なる意味をもつのであろうか．抑々，《絶対者自身に於いて成立する存在論的自由の概念》を《絶対者の現象》へと拡張し得るとすれば，必然的に，総ては絶対者の自由の内部での事柄である，ということになろう．このことは，絶対的他者を否認する自由の概念から必然的に帰結してくることであろう．何故なら，絶対者は，絶対者

の外部に，絶対者の措定した他者以外の如何なるものも持たないのであり，絶対者には絶対的な意味での外部は存在し得ないのであるから．

6　結論――絶対者とその現象との間に存する，自由の相即構造

抑々，自由な存在としての絶対者による，自由な自己否定の活動こそが，最も根源的な意味での現象を可能にする．斯様に現象を可能にする運動――これは一体如何なる意味をもつ運動なのであろうか？――の論理的構造のみを，最後に，概観し整理しておく．

斯様な現象という自己否定に於いて自己の裡に止まる自由な絶対者は，《非知と知の間に存する断絶を自分自身の内部で架橋し媒介する運動の全体》として存在する．即ち，絶対者の運動は，一方の，知へ至る運動，知へ内在しようとする運動と，他方の，知を超え出ようとする運動，知を超越しようとする運動とを二つの契機とする運動である．そして，そうした内在と超越との二側面をもつ相即的媒介の運動の全体として，絶対者とその現象との架橋は成立している．絶対的な意味での，即ち，絶対者自身の裡に根拠をもつ，自由の哲学は，絶対者の斯様な相即的構造に基づいて，成り立ち得ている．これが，我々の考察の最終的結論である．

注

(1)　Jens Halfwassen: Hegel und der spätantike Neuplatonismus, *Hegel-Studien Beiheft* 40, 1999.

(2)　『論理学』第二版への序文にある次のテキストが想起されて然るべきである．

　　„er [der Begriff] ist nur Gegenstand, Produkt und Inhalt des Denkens und die an und für sich seiende Sache, der Logos, die Vernunft dessen, was ist, die Wahrheit dessen, was den Namen der Dinge führt;"

　　Enzy. の末尾に引用されているアリストテレス『形而上学』第 12 巻第 7 章からの引用が示す如く，ヘーゲルが知の体系を徹頭徹尾「理性（*νους*）」の体系として提示しようとした事も改めて確認されて然るべきである．

(3)　このテキストに於いて，*ον*が*λσγος*に先立つものとして位置付けられている点は，ヘーゲルの Sein 概念の理解に或る困難を齎す．その点は，機会を改めて論じる．

【研究論文】

若きショーペンハウアーのフィヒテ研究
──『道徳論の体系』読書記録を中心に──

Fichte-Studium beim jungen Schopenhauer: Fokussierend auf *System der Sittenlehre.*

伊藤貴雄

Takao ITO

は じ め に

1811 年秋から 1813 年春（23～25 歳）にかけて，ショーペンハウアーは創立間もないベルリン大学に学んだ．このとき彼はフィヒテの「意識の事実」「知識学」講義（1811 年秋～1812 年春）を受けており，その聴講ノートについては近年研究が増えつつある[1]．しかし，ほぼ同時期にショーペンハウアーがフィヒテの諸著作について綴った読書記録（1812 年）については，立ち入った研究がまだ少ない[2]．この読書記録には『全知識学の基礎』，『現代の根本特徴』，『浄福な生への教え』，『道徳論の体系』，『自然法の基礎』，『あらゆる啓示の批判』に関するショーペンハウアーのコメントが記されている．なかでも『道徳論の体系』には（前半に集中している感はあるが）多数のコメントが見られ，その量に照らす限り，同書は若きショーペンハウアーが最も熱心に格闘したフィヒテ著作と見てよい（酒井や Zöller の先行研究も同じ理由から同書を重視している）．それゆえ両哲学者の関係を把える上でこの読書記録の検討は避けることができない．ショーペンハウアーがフィヒテから受けた哲学的影響に関してはこれまで身体論・意志論（Schöndorf[3], Kamata[4], 酒井[5], Zöller[6], D'Alfonso[7], Novembre[8]），知識学・学問論（高橋[9], Koßler[10], Novembre[11]），自我論・表象論（酒井[12], 伊藤[13]）が注目されてきたが，本稿では『道徳論の体系』読書記録を中心に[14]，彼がフィヒテの実践哲学，とりわけ自由論から受容した思考因子とその変容過程の一端を浮き彫りにしたい．

1　自我と意欲

　ショーペンハウアーはとくに「自我」(Ich) と「意欲」(Wollen) という言葉が登場する箇所に多くコメントしている．最初に集中的なコメントが見られるのは『道徳論の体系』第 1 部冒頭（第 1 節）である．

　その箇所でフィヒテは「自分自身を自分自身としてのみ，すなわち，われわれ自身ではないすべてのものから切り離されたものとして思考すること」という課題を掲げ，「私は私自身を私自身として見出し，意欲するものとしてのみ見出す」という見解を示す (SW IV, 18)．私は，意識する実体を直接的には知覚しない．私が直接的に知覚することができるのは，実体の発現にすぎない．それは「思考（言葉の最も広い意味での思考，つまり表象作用あるいは意識一般）」と「意欲」である．このうち思考は意識そのものであり，他の客観的なものと対置される限りで客観的になる．それゆえ，意識する実体の客観的な発現として残るのは意欲である (SW IV, 20)．「意欲」という概念を実質的に説明することは不可能かつ不必要であり，その意味は各人が自分のなかで「知的直観」によって覚知しなければならない (SW IV, 19)．そうフィヒテはいう．

　この主張に対し，ショーペンハウアーは次のようにコメントしている．

　　以上すべてはこう要約できるだろう．私が私自身を考えようとすれば，私は私自身を**《意欲する者》**として考えざるを得ない．というのも，たとえ**《考える》**が（意欲するに次いで）私の第二の賓辞であるとはいえ，私は私自身を**《考える者》**として考えることはできないからである．なぜなら，そのとき私はその行為を通してなおも**《考える者》**であり，ここでは主観と客観とは融合し，これによってあらゆる思考の根本条件は廃棄されているからである．しかし，私が考えることによって，私が同時に意欲していることはない．それゆえ――〔…〕私は私を**《認識する者》**と**《意欲する者》**とに分ける．私が両者を分離する限り，私はそのこと自身によって，対象なき意欲（対象は認識の領分にすぎないから）と衝動なき認識（衝動は意欲であるから）を定立する．さて意欲は自らを表明するために一つの対象を要す

るので，それによって意欲は自らに対象を与える認識の支配下に入る．先
述のように認識は一切の衝動を免れている．(HN II, 348)

　ショーペンハウアーはフィヒテの説を要約して，自我を「認識する者」と
「意欲する者」とに分け，後者のみが認識可能であるという．これは彼が翌年
刊行の学位論文『根拠律の四重の根について』(1813 年，以下『根拠律』) で示す自
我論そのものである．「主観は，**意欲する者**すなわち自発性として認識される
だけであり，**認識する者**としては認識されない」(Go, 68)．それゆえ「自我」は
意欲の主体 (Subjekt des Wollens) と認識主観との同一性であるが，ショーペンハ
ウアーはこの同一性がまったく不可解であるという．われわれに認識可能なも
のは客観同士の関係のみであるが，この同一性は客観と主観との関係だからで
ある．それゆえこの同一性は「直接与えられている」(Go, 73)．——以上の自我
論は主著『意志と表象としての世界』(1818 / 1819 年，以下「主著」) でも再述され
ている (W I, 121)．もっとも彼は『根拠律』でフィヒテの「絶対的自我」の立場
をカント的批判主義からの逸脱であると論じ (Go, 45)，主著でそれを主観中心
主義として批判してもいる (W I, 40) が，それらの文言に囚われると両哲学者
の連続的な関係を見落としてしまうといえる．
　ちなみに，先に引用したコメントの直後にショーペンハウアーは「しかしな
がら認識されるものと意欲されるものとの規定は，最終的にはどこから生じる
のだろうか」(HN II, 348) との疑問を付記している．これに対する彼自身の考察
は『道徳論の体系』第 3 部に関するコメントとして述べられているので，本稿
次節で扱うことにする．差し当たり指摘しておくべきことは，この問いこそは，
客観を規定する法則を分類するという『根拠律』の主題につながるものだとい
うことである．同書は，あらゆる客観が，四種類の根拠律すなわち① 物理的必
然性 (原因—結果)，② 論理的必然性 (理由—帰結)，③ 数学的必然性 (時間的連続や
空間的隣接)，④ 道徳的必然性 (動機—行為) のいずれかに規定されていると主張
する (Go, 16)．このうち①・②・③が「認識されるもの」の規定であり，④が
「意欲されるもの」の規定である．

2 意志の自由

『道徳論の体系』への最も充実したコメントが見られるのは第3部冒頭（第14節）である．ショーペンハウアーは「意志に関して多くの読むに値することが書いてある．しかし私はいう」（HN II, 349）と前置きした上で自説を展開している．「多くの読むに値すること」が具体的に何を指すかは明言されていないので推測する以外にないが，例えばフィヒテが強調する「意志一般」と「特定の意志」との区別は肯定的に捉えられていた可能性が高い．なぜなら翌年刊行の『根拠律』にも同様の区別が見られるからである．

『根拠律』でショーペンハウアーは，「意欲されるもの」の規定がどこから生じるか論じている．「意欲」は原因として（身体という）実在的客観に作用する以上，因果律の支配下にある．しかし意欲それ自体がいかなる法則に従うかは不可知である．自我に関して「知覚可能なのはただ意欲だけであり，意欲に先行する状態，すなわち意欲の主体そのものの状態ではけっしてない」（Go, 74）からである．たしかに願望は決意に先行するが，願望もすでに一個の意欲であるから，対立する二つの願望のうち強い方が決意によって意欲になるといっても説明にならない（Go, 75）．それゆえ，① 意欲の主体が無規則に或る強い願望を持つか，② 意欲の主体の或る状態からその強い願望が発するかのいずれかである．①の場合，「同一人物がまったく同じ状況下に置かれればいつでもまったく同様に行為する」ことや，人が「ただ**欲し**さえすれば，まったく別様に行動できるだろう」という意識を持つことが説明できない．それゆえ②の場合を認めざるを得ないが，意欲自体をなぜ意欲するかは，認識自体を認識できないのと同じく不可知である（認識の形式である時間のなかでは捉えられない）．個々の意欲を条件づけているこうした無条件的なもの，意欲の主体そのものの状態を，ショーペンハウアーは「意志（Wille）」と呼ぶ（Go, 76）．

一方，フィヒテは『道徳論の体系』第3部冒頭で次のような意志論を展開している．「意欲」とは，無規定性（規定されない状態）から規定性（規定された状態）へと，意識的に移行する能力であり，これは「意志一般」とも呼ばれる（SW IV, 158）．規定性が現存していない場合，意欲は完遂されておらず，けっして意欲

ではない．それは意志一般が「衝動，憧憬，欲求」として発現した「特定の意
志」にすぎない（Ebd.）．これら二種の意志の区別はこれまで看過されてきたが
必要不可欠である．「特定の意志」は不自由だが，「意志一般」は端的に自由で
ある．「自由ならざる意志というものは不可解な代物である．人間は意欲しさ
えすれば自由である」（SW IV, 159）．もとよりこれは自然衝動のことではない．
自然はいかなる意志をも産み出さない．自然力は必ず機械的に作用せざるを得
ず，Aの代わりに−Aを想定することができない．「Aと−Aとが等しく可能
であるのは，自然力に対してではなく，自然力に絶対的に対立する意志に対し
てである」（SW IV, 160）．意志はつねに選択する能力なのであって，「選択意志
（Willkühr）」を伴わない意志は存在しない．この選択は最終的に，「利己的衝動
（自然衝動）」の充足と「非利己的衝動（道徳的衝動）」の充足との間の選択になる
（SW IV, 161）．そうフィヒテはいう．

　こうしてみると，ショーペンハウアーにおける「意志」と「意欲」との区別
は，『道徳論の体系』が説く「意志一般」と「特定の意志」との区別とよく似た
構造を有している．やはり彼は同書の第1部を読んで抱いた問い――「意欲さ
れるもの」の規定の由来に関する問い――を念頭に，第3部を読んでいたと考
えられる．それでは，彼が第3部冒頭に付したコメントを以下に見てみよう．

　　意志の自由は《意欲しないこと》（Nichtwollen）の自由と呼ぶことができ
　よう．選択意志，すなわち，欲求対象の間での熟慮を伴う選択は，時間に
　よる制限を排除したという主要特徴を持つ．そのために人間は動物よりも
　すぐれて選択意志を持っている（詐欺の技のように）．〔…〕しかし意志の自由
　は我意（Eigenwille）全体を無化する能力であり，自由の最高の法則は「汝，
　欲すなかれ」である．自由が生じると私の行為は超感性的な原理によって
　規定される．この原理は非常に強力な法則を持つので，この原理があらゆ
　る可能な場合に何をもたらすかを誰もが知っている．ひとたび我意が無化
　されたならば，誰もが徹頭徹尾他人と同じ仕方で行為する．すなわち，あ
　らゆる個体性は停止したのである．それゆえカントはこれを**客観的な道徳**

　法則として提示した．なぜならこの法則は，我意のように主観の性質に従うのではなく，**客観**の性質に従うからである．(HN II, 349)

　「意欲しないこと」，「我意全体を無化する」，「汝，欲すなかれ」等々．ここに綴られている言葉はいずれも，主著で「意志の否定」(W I, 453) と呼ばれる思想の原型といえる(16)(本稿次節参照)．「しかし私はいう」と前置きした上での批判的なコメントではあるが，ここには明らかに『道徳論の体系』読解の跡が刻印されている．なぜならフィヒテもまたこの「意欲しないことの自由」という思想を一度検討の俎上に載せているからである．同書第 2 部（第 12 節）でフィヒテは，低次の欲求能力である「自然衝動」と高次の欲求能力である「純粋衝動」とを対比する．前者は自然の原因性に従うが，後者は自然を超え出ようとするものである（SW IV, 141）．ここから一旦，純粋衝動は自然衝動の単なる否定，つまり「不作為（Unterlassung）」でしかなく，「自己規定という内的行為を別にすれば，いかなる積極的行為もけっして生じ得ない」(SW IV, 147) という見解が想定される．しかしフィヒテはこの見解を斥け，代わりに，自然衝動と純粋衝動との混合としての「道徳的衝動」を説く (SW IV, 152)．理性的存在者における道徳的衝動は，自然衝動から素材（客観）を，純粋衝動から形式（自己規定）を獲得しつつ，自らに向かって特定の諸行為を「定言的に命令する」(SW IV, 152f.)，というのがフィヒテの考えである．

　それゆえ，フィヒテが『道徳論の体系』第 3 部で，意志の自由を「利己的衝動（自然衝動）」と「非利己的衝動（道徳的衝動）」との間の選択として論じる際には，上記の議論が前提になっている．これに対して，ショーペンハウアーはフィヒテの「純粋衝動」の方向で「意欲しないことの自由」を論じているのであると，差し当たりは（あくまでも差し当たりだが）いうことができよう．

3　道 徳 法 則

　しかし，ショーペンハウアーのいう「意欲しないことの自由」は無為を意味するものではけっしてない．それは本稿前節の引用で彼が「ひとたび我意が無

化されたならば，誰もが徹頭徹尾他人と同じ仕方で行為する」と述べ，カント
の「道徳法則」を引き合いに出していることからも窺える．現に，ショーペン
ハウアーは（同じく『道徳論の体系』第3部冒頭への）コメントのなかで「有徳の人
はあたかも**意欲した**かのように振る舞うが，しかし彼はもはや**意欲して**はいな
い．人は彼を，あたかも狩をしているかのように振る舞うが，しかしもはや狩
をするのではなく主人のために獲物を追う，しつけられた鷹になぞらえること
ができる」(HN II, 349) と述べ，「有徳の人」による振る舞いの存在を認めてい
る．また彼は（前節引用文に続けて）次のようにコメントしている．

　　さて，この場合にたとえあらゆる意欲が停止したとしても，私の行いは
　一個の意欲の帰結として現れるが，これはただそう見えるだけである．私
　は客観があたかも私の目的概念であるかのように行為し，それどころか行
　為の瞬間にはこの客観のために行為しさえする．なぜなら客観はあらゆる
　行為の条件だからである〔…〕．しかしそれでも私は，自分が**したい**ように
　ではなく，自分が**すべき**ように行為するし，この**当為** (Soll) は**意欲**を無効
　にする (aufheben) のである．ただしこの**当為**は，私の我意がまだ存在して
　おり私がそれに働きかけるのだという見解にしか通用しない．**私，私自体**，
　私の個体はもはや行為せず，私は或る名づけがたきもの，或る永遠の法則
　の道具である．たとえそうした純粋に道徳的な行為において私が或る客観
　を**形式上**私の目的概念にしたとしても，この客観は実際には目的概念では
　ない．目的概念が現実化されることは問題ではなく，偶然が道徳的行為全
　体の作用を妨げるかもしれないことは重要ではない——それゆえカントは
　道徳法則を**形式的**法則と呼ぶ．すなわち，道徳法則の目的は素材ではなく，
　客観ではない．たとえ道徳法則が客観に即して可視化されることができ，
　したがって純粋に**客観的**であるとしてもそうである．(HN II, 349f.)

前節引用文と併せてパラフレーズしよう．道徳的な行為においては，「当為」
が「意欲」を無効にする．ただし「当為」という表現は，「我意」の存在を前提
にしており，その行為の可能性の条件である「意志の自由」に対してはふさわ

しくない．最高の自由，すなわち「意欲しないことの自由」が生じるとき，「私の個体」は行為の主体ではなく，「或る名づけがたきもの，或る永遠の法則」の道具である．一方，道徳法則の目的は行為の「素材」や「客観」(つまり行為の帰結) ではなく，行為それ自体 (つまり行為の動機) である．以上からショーペンハウアーは (上記引用文の後に) こう結論する．「道徳法則によって要求されるものは，主観の客観に対する単なる関係 (行動) であり，この関係は或る規定されたものである．しかるに私の我意は，客観の素材に従って，また私の個体性に従って定まるのであり，これらはいずれも可変的なものとして或る不確実な関係を与える．ここから最終的に以下のことが帰結する．私の意志ではなく，客観と主観との関係 (行動) が，或る他のもの (名づけがたきもの) によって規定されるべきである」(HN II, 350)．こうして彼は「意欲しないことの自由」をカント倫理学の形式的性格と接合しようとする．

　以上のショーペンハウアーの主張は，フィヒテの議論とも重なり合う点が少なくない．先述のように，フィヒテによれば「道徳的衝動」は，自然衝動から素材 (客観) を，純粋衝動から形式 (自己規定) を獲得する．『道徳論の体系』第2部 (第12節) ではそのことを次のように説明している．道徳的衝動が或る行為に向かって発現するとき，自然衝動は「道徳的衝動が向かうものと同じ行為へ，少なくとも部分的に向かう」が，にもかかわらず道徳的衝動は純粋衝動と同様に絶対的であって「自分自身の外部にいかなる目的をももたずに，何かを要求する」(SW IV, 152)．その要求するものとはけっして享楽ではなく，私の「全面的な独立性」である．では，この全面的な独立性の目的は何か．それは全面的な独立性それ自体にほかならない──．同書第2部末尾 (第13節) によれば，以上はカント的「自律」の再解釈である．「カントは〔『基礎づけ』で〕次のように述べている．すなわち，理性的存在者は道徳性の素質によって自分を，〈何かそれ**自体**であるもの〉として顕示する．すなわち，自分の外部のものとのいかなる交互作用にもまったくよらずに，自立的で独立的なもの，もっぱら自分だけで存立するものとして顕示する」(SW IV, 155)．

　こうしてみると，道徳的行為の条件として，① 客観 (素材) が目的概念では

ないこと，② 主観（私）が自然衝動に従属しないこと，の二点を重視する見解を，フィヒテもショーペンハウアーもカント学徒として共有している．その限りでは，ショーペンハウアーがいう「意欲しないことの自由」は，フィヒテの説く（「純粋衝動」の思想よりも）「道徳的衝動」の思想からそれほど遠いものではないと評しても必ずしも不当な解釈ではないであろう．

4　見解の相違点

　しかしながら他方で，ショーペンハウアーとフィヒテとの間の微妙な差異が見受けられることもまた確かである．とくに「意志の自由」と「道徳法則」との関係をめぐる見解の相違は，検討を要する点であろう．

　既述のように，ショーペンハウアーは「意志の自由は，我意全体を無化する能力であり，〔…〕自由が生じると，私の行為は超感性的な原理によって規定される」（本稿第2節参照）と述べている．換言すれば，「意志の自由」（による我意全体の無化）が生じない限り，「超感性的な原理」（道徳法則）は行為を規定し得ないということであり，このことを前提にショーペンハウアーは「当為は意欲を無効にする」（本稿前節参照）と述べているのである．それゆえ，道徳法則が規定するのは，「意志」（フィヒテのいう「意志一般」）ではなく，その発現としての「意欲」（フィヒテのいう「特定の意志」）であるというのが，ショーペンハウアーの主張の趣旨であると解してよい．「私の意志ではなく，客観と主観との関係（行動）が，或る他のもの（名づけがたきもの）によって規定される」（本稿前節参照）という記述はそのことを裏づけている．また，以上の見解は，翌年刊行の『根拠律』の主張とも対応している．同書によれば，「意欲」は原因として（身体という）客観に作用するので，因果律の支配下にある．しかし，意欲にまさにそのように意欲させているもの，すなわち「意志」は，因果律の妥当範囲にはないのである（本稿第2節参照）．

　一方，フィヒテは「意志の自由」を，「利己的衝動（自然衝動）」の充足と「非利己的衝動（道徳的衝動）」の充足との間の「選択意志」として捉えている（本稿第2節参照）．では，意志が「道徳的衝動」の充足を選択するために，自我はど

のような仕方で「道徳法則」と関係するとよいのだろうか．『道徳論の体系』第
３部（第15節）で，フィヒテは「道徳の形式的法則」として，「君の義務につい
ての君の確信に端的に合致するように行為せよ」（SW IV, 163）という命法を提
示する．この法則に従って自我がみずからを規定することが，フィヒテのいう
「意志の自由」である．もっとも，私の「確信」が誤っていたら私は「義務に反
した」ことになるのではないかとの反論もここで想定されるが，フィヒテによ
れば，真の確信は誤謬と相容れることはない．例えば，異端審問官が或る人を
異端者として死刑にしようとするとき，真の確信があれば「もし私の語ったこ
とが本当でないならば，私が永遠の罪を課せられることを望む」と言うべきだ
が，大抵の異端審問官はそう語るのを躊躇うだろう（SW IV, 168）．それゆえ，
たとえ「永遠の罪」を課せられようとも悔いのない「義務についての確信」に
従うことが，道徳法則に従うということなのである．

　ショーペンハウアーとフィヒテの見解を比較すると，「意志」あるいは「意
志一般」に帰せられる能力（カント的にいえば意志の叡知的性格）に関して，両者間
で理解に差があるといえる．ショーペンハウアーのいう「意志の自由」，すな
わち「意欲しないことの自由」は，われわれが意図的に選択できるものではな
い．われわれに認識可能なのは個々の「意欲」であり，その意欲をそもそも意
欲する／しないという「意志」ではないからである．認識できないものは選択
できない．これに対してフィヒテのいう「道徳的衝動」は，或る「義務につい
ての確信」が真の確信であるか否かを吟味するようわれわれに命じるものであ
る．その判定は直接的感情，すなわち「われわれの経験的自我が純粋自我と完
全に一致している場合にしか現存しない」感情によってなされるべきで，この
感情が「良心」である（SW IV, 169-173）．「命令を自分自身で検討せずには受け
入れず，まず自分自身の良心に照らして吟味するということは絶対的な義務で
あり，この吟味を差し控えることは絶対的に良心を欠いている」（SW IV, 177）．
それゆえ「道徳的衝動」は選択意志として発現するのである．

　こうした見解の相違はおそらくショーペンハウアー自身も気づいていたであ
ろう．というのも，彼はフィヒテが挙げた「異端審問官」の例に対して，次の

ようにコメントしているからである.

　　しかし異端審問官はどうか. 彼は正しいことをしていると信じ, 忌まわ
　　しいことを行うのである. 私は言う, 彼は正しいことをしていると！　道
　　徳法則は誤らないが, 彼の理性が誤るのである. 理性は彼に対して, 現実
　　存在しない客観を形成した. つまり, 崇拝されることを欲する熱烈な神で
　　ある. 彼にとってはそうした神が**存在する**. それゆえ彼は正しく行為する
　　し, 形式的には正しい. 客観, 行為の素材, 異端者はここで滅びる. しか
　　し客観の世界は, 誤謬と偶然の王国である. この世界に何も重要なものが
　　ないことは十分に明らかである. ——それゆえしかし, 狂信はしばしば最
　　大の悪である. なぜなら狂信は道徳法則に従って振る舞うが, それは狂信
　　が道徳法則に厳格に結びつけたと信じる架空の客観に関してのことだから
　　である. 狂信の意志ではなく, 狂信の理性が誤るので, 狂信にとってはた
　　だ理性によって処理することが難しいのである. これに対して, その意志
　　が罪を犯す犯罪者はただ悔悛することによってのみ覚醒することができる.
　　狂信者は人殺しをする夢遊病者と同程度に無邪気である.　(HN II, 349f.)

　ショーペンハウアーは,「形式的には正しい」が「最大の悪」をなす例として
異端審問官を論じている. 注目すべきは, ここで「道徳法則」自体も「誤らな
い」とされていることである.「道徳法則」は, この文脈では, 我意の無化によ
って「誰もが徹頭徹尾他人と同じ仕方で行為する」その仕方を指し, コメント
対象である『道徳論の体系』の文脈では「君の義務についての君の確信に端的
に合致するように行為せよ」という命題を指すが, いずれにしてもショーペン
ハウアーによれば, それらは形式的に主観（異端審問官の狂信）と客観（架空の神）
との関係を規定するだけであり,「意志」に対しては無力である. 狂信の悪を
防ぐには, 道徳法則の適用を誤らないように「理性」（カントやフィヒテと違い, シ
ョーペンハウアーは理性を《利害計算の能力》として捉えている）が機能するか, ある
いは,「意欲しないことの自由」が発現することで狂信という行為自体が消えるか,
いずれかの道しかないというのが彼の考えであるといえる. 事実, 主著の宗教

論ではこの二つの道が示唆されている（W I, 427; 435）．もちろん，彼の本来的な立場が後者の道であることはいうまでもない．

　こうしてみると，ショーペンハウアーの「意欲しないことの自由」は，フィヒテの「道徳的衝動」に示唆を受けつつ構想された思想ではあるが，最終的な着地点においてそこから大きく異なる方向へと踏み出していることは否めない．同じくカントによる意志の「叡知的／経験的性格」という区別から出発しつつも，フィヒテによって推進された両性格の統合路線を，ショーペンハウアーは分離路線へと逆旋回させたといえる．「意志の否定」は意図的に獲得されるものではなく，あたかも「恩寵」のように訪れるものである，という主著最終章の命題（W I, 421）も，こうした哲学史的文脈において理解すべきものであろう．

むすびに

　以上，『道徳論の体系』読書記録（紙幅の都合上，限られた紹介となったが）を中心に初期ショーペンハウアーの思想形成過程を跡づけてみた．「意欲されるもの」の規定に関する問いから始まり，個々の「意欲」とそれらを条件づけている「意志」一般とは（超越論的に）身分を異にすること，前者ではなく後者こそが「意志の自由」の可能性の条件であること，また，この自由は究極的には「意欲しないこと」の自由であり，それが発現したときには個人はあたかも道徳法則の「道具」になったかのように行為すること——こうしたのちに主著の核となる思想の数々がフィヒテ読解のなかで獲得されていたことは注目に値する．しかしショーペンハウアーの関心は最終的に，「意欲されるもの」の条件である「意志」を規定することがいかに至難であるかという点に注がれることになった．そしてこのことが——少なくとも表向きには——彼をフィヒテから遠ざける要因になったと考えられるが，その顛末を記すには稿を改めねばならない．[18] 以上の論述によりショーペンハウアー哲学成立の舞台裏の一隅を照らし得たとすれば本稿の目的は達されたといえる．

注

W I: Schopenhauer, Arthur. *Die Welt als Wille und Vorstellung* I, in: *Sämtliche Werke.* Bd. 2. Hrsg. v. Arthur Hübscher. 7Bde. Wiesbaden: F. A. Brockhaus, 1972.

Go: Schopenhauer, Arthur. *Ueber die vierfache Wurzel des Satzes vom zureichenden Grunde* (1813), in: *Sämtliche Werke.* Bd. 7.

HN II: Schopenhauer, Arthur. *Der Handschriftliche Nachlaß.* Bd. 2. Hrsg. v. Arthur Hübscher. Frankfurt am Main: Verlag Waldemar Kramer, 1966-1975.

SW IV: Fichte, Johann Gottlieb. *Fichtes Werke.* Bd. 4. Hrsg. v. I. H. Fichte. Berlin: Walter de Gruyter, 1971.

引用に際し，W I と HN II は筆者訳，Go は鎌田康男・齋藤智志・高橋陽一郎・臼木悦生訳著『ショーペンハウアー哲学の再構築——「充足根拠律の四方向に分岐した根について」（第一版）訳解』（法政大学出版局，2000 年），SW IV は藤澤賢一郎・高田純訳『フィヒテ全集 9　道徳論の体系』（哲書房，2000 年）を用いた．原文の強調は太字で示した．なお，文脈に応じて適宜訳文を改めた箇所がある．

(1)　以下の注 3 〜 4，注 6 〜13 に挙げる諸研究を参照のこと．

(2)　主要な先行研究として，注 5 の酒井論文，注 6 の Zöller 論文がある．

(3)　Harald Schöndorf, *Der Leib und Denken Schopenhauers und Fichtes*, München: Johannes Berchmans Verlag, 1982, pp. 105-120.

(4)　Yasuo Kamata, *Der junge Schopenhauer*, München: Karl Alber Verlag, 1988, pp. 151-153.

(5)　酒井剛「自我・身体・決意——初期ショーペンハウアーとフィヒテ『道徳論の体系』(1798)」，日本フィヒテ協会編『フィヒテ研究』(13)，2005, pp. 86-90.

(6)　Günter Zöller, „Kichtenhauer. Der Ursprung von Schopenhauers *Welt als Wille und Vorstellung* in Fichtes *Wissenschaftslehre 1812* und *System der Sittenlehre*", in: L. Hühn (hrsg. v.), *Die Ethik Arthur Schopenhauers im Ausgang Vom Deutschen Idealismus* (Fichte / Schelling), Ergon Verlag, 2006, pp. 365-386.

(7)　Matteo Vincenzo d'Alfonso, Schopenhauer als Schüler Fichtes, *Fichte-Studien*, Bd. 30, Editions Rodopi BV, pp. 201-211.

(8)　Alessandro Novembre, „Die Vorgeschichte der Schopenhauer'schen Theorie des Willens als des Dings an sich", 日本ショーペンハウアー協会編『ショーペンハウアー研究』(17)，2012, pp. 19-76.

(9)　高橋陽一郎「初期ショーペンハウアーにおけるフィヒテ——ショーペンハウアーの『フィヒテ・ノート』を手がかりにして」，日本フィヒテ協会編『フィヒテ研究』(6)，1998, pp. 80-96.（この『フィヒテ・ノート』は『意識の事実』/『知識学』の受講ノート

を指し，本稿で扱う読書記録のことではない．）

⑽　Matthias Koßler, „Die eine Anschauung — der eine Gedanke. Zur Systemfrage bei Fichte und Schopenhauer“, in: *Die Ethik Arthur Schopenhauers*, S. 350-364.）

⑾　Alessandro Novembre, „Schopenhauers Verständnis der Fichte'schen »absoluten Besonnenheit«“, *Schopenhauer Jahrbuch* Bd. 93, 2012, pp. 53-62.

⑿　酒井剛「自我・像・身体——後期フィヒテとショーペンハウアー」，日本フィヒテ協会編『フィヒテ研究』（9），2001，pp. 74-91．および注(5)の文献．

⒀　伊藤貴雄「フィヒテ意志論からショーペンハウアー表象論へ」，日本ショーペンハウアー協会編『ショーペンハウアー研究』（15），2010，pp. 35-57．

⒁　注(5)の酒井論文と注(6)の Zöller 論文は，『道徳論の体系』読書記録にショーペンハウアー倫理学の萌芽を見ており，この点には本稿も賛同する．ただし酒井論文は読書記録自体からの引用情報が少なく，本稿はそこを補うことでショーペンハウアーの思考過程をより詳細に跡づけることを試みた（第2〜4節）．Zöller 論文は両哲学者間の近接性を文献的に立証しているが，本稿ではさらに両哲学者間の差異性やその理論的要因についても考察を試みた（第3〜4節）．

⒂　酒井（注(5)の文献，pp. 83f.），Novembre（注(8)の文献，pp. 43f.）も参照．

⒃　Zöller（注(6)の文献，pp. 384），Novembre（注(8)の文献，p. 44f.）も参照．

⒄　これは元々カントが挙げている例である．彼によれば，異端審問官といえども神の前で自分を無謬と確信することはできず，仮にそう確信する者は「自分自身を裁く道徳的判断力」（つまり良心）を欠くのである（『たんなる理性の限界内の宗教　カント全集10』北岡武司訳，岩波書店，2000年，pp. 250-252）．

⒅　ショーペンハウアーのフィヒテ批判の哲学史的文脈，および社会史的文脈については，伊藤貴雄『ショーペンハウアー　兵役拒否の哲学——戦争・法・国家』（晃洋書房，2014年）のなかで筆者なりの解釈をいくつか提示しておいた．

＊本研究は JSPS 科研費 17K02183 ならびに 17H02281 の助成を受けたものである．

【研究論文】

J. F. フリースによる哲学方法論の展開
——フィヒテ批判およびシェリング批判との関わりから——

Die Entwicklung der Methode der Philosophie bei J. F. Fries: Mit Rücksicht auf die Kritik der Philosophie Fichtes und Schellings

太田匡洋

Tadahiro OOTA

は じ め に

　本稿の目的は, ヤーコプ・フリードリヒ・フリース (Jakob Friedrich Fries, 1773-1843) における哲学方法論の展開に即して, その批判対象の変遷の理由に見通しを与えることである.

　今日の哲学史理解においては, フリースの立場は, いわゆるドイツ観念論との対立関係を形成しつつ, カントの超越論哲学を経験的心理学へと還元しようとする「心理主義」の立場を展開したものとして位置づけられる傾向が強い. この「心理主義」という理解は, その根拠の一端をフリース自身の立場のうちに有するものであると同時に, それが一般的な図式として定着した背景には, ヘーゲル学派による哲学史記述の影響が認められる[(1)].

　しかし, フリースの立場の力点を「心理主義」へと集約させた哲学史理解は, ヘーゲル以降の哲学史的状況を再構成するうえでは, 大きな障害となりうる. フリースの没後, フリースの哲学の継承に基盤を有する学派が二度にわたって成立するが, その最初の学派でありE. F. アーペルトに代表される「フリース学派」は, 同時代のシェリング学派との対立関係を形成し, 他方でネルゾンに代表される「新フリース学派」は, 新カント派や現象学との対立関係を形成しており, フリース自身が形成していたドイツ観念論との対立関係が, その死後における学派の形成においても引き継がれた格好になっている. だが, 両学派

とも，フリースの哲学をその思想的基盤としていながらも，フリースの哲学が今日そう理解されているように，必ずしも経験的心理学を自らの基礎としているわけではない．むしろ両学派がフリースから自覚的に受け継ごうとしているのは，その哲学方法論の立場であり，この観点からシェリング学派や新カント派に対する批判的立場を形成しているのである．したがって，上記の「フリース学派」の成立を含んだ 19 世紀以降の哲学史の内実を正確に把握するためには，フリース自身の哲学，とりわけその哲学方法論を再検討したうえで，フリース自身のドイツ観念論に対する批判の内実を明らかにする必要がある．

　以上のようなフリースの思想の展開は，同時代の哲学者，より具体的には狭義の「ドイツ観念論」に対する批判を一つの立脚点としている．この点は，最初期を代表する論文「経験的心理学の形而上学に対する関係について」[(2)] (1798 年，以下「心理学と形而上学」と略記）から主著『新理性批判』（1807 年）以降の著作に至るまで，一貫したものである．

　だが，その具体的な批判の相手については，時期によって相違が認められる．最初期の論文「心理学と形而上学」においては，その批判の軸はおもにフィヒテのうちに存しており，シェリングに対する言及は僅かなものにとどまる．これに対して，主著の『新理性批判』になると，フィヒテに対する批判の姿勢を引き継ぎつつも，シェリングに対する批判がその勢いを増しており，全三巻におけるフィヒテとシェリングの名前の出現回数を比較するだけでも，シェリングの名前はフィヒテの二倍に近い頻度にわたって言及されることとなる．

　このようなフリースによる批判対象のフィヒテからシェリングへの移行は，どのような背景のもとで生じたのであろうか．本稿では，この批判対象の推移を，フリース自身の哲学方法論の時期に応じた発展のうちに求める．この観点から本稿では，まず「心理学と形而上学」を中心とした最初期におけるフィヒテ批判のうちに，どのような立場の確立が目指されているのかを確認する．そして，『新理性批判』へと至るフリースの記述に認められるべき，その哲学方法論の立場の変遷に留意することによって，フリース自身の主張の力点がどのようにして展開を遂げているのかを明らかにする．

　また本稿では，フリースの著作のうち，「心理学と形而上学」および，主著
『新理性批判』を中心に扱う．フリースが他の哲学者の批判に最も紙幅を割い
ているのは『ラインホルト・フィヒテ・シェリング』（1803 年）であるが，同書
があくまでも同時代の哲学者に対する批判そのものを課題とした書籍であるの
に対して，「心理学と形而上学」と『新理性批判』は，自らの立場の確立に専心
した文献であり，他の哲学者に対する批判も，自説の構築のための必要に即し
て行われている．それゆえ，「心理学と形而上学」および『新理性批判』におい
ては，フリース自身の思想形成との関連が，より適切に見てとられうると考え
られる．したがって本稿では，『ラインホルト・フィヒテ・シェリング』を必
要に応じて参照しつつも，「心理学と形而上学」および『新理性批判』を中心に
据えることで，フリースの立場の変遷を確認する．

　本稿は以下のようにして進む．まず，最初期の「心理学と形而上学」の立場
の特徴を確認した後（本稿 1.1），この立場におけるフィヒテ批判の論点を取り
扱う（本稿 1.2）．そして，『新理性批判』における哲学方法論の展開を簡単に見
たうえで（本稿 2.1），この著作におけるシェリング批判の力点を確認する（本稿
2.2.）．

　なお，フリースの哲学方法論の具体的な内実については，太田 [2016] および
Oota [2019] ですでに詳述しているため，本稿では，フリース自身の哲学的立
場の略述は割愛し，フリースによるフィヒテおよびシェリングに対する批判に
関わる論点に，議論の焦点を絞ることとする．

1　「心理学と形而上学」の立場とその批判対象

1.1.　「心理学と形而上学」における哲学方法論の立場

　前述のように，フリースの哲学方法論は，「心理学と形而上学」から『新理性
批判』に至るまでの間に，段階的な成立を遂げている．以下では，おもに成立
史の観点から，「心理学と形而上学」と『新理性批判』のあいだに認められる，
フリースの哲学方法論の相違を確認する．

　哲学方法論をめぐるフリースの思想形成の出発点は，「分析的方法」の採用

のうちに認めることができる．最初期の論文である「心理学と形而上学」にお
いてフリースは，「形而上学的な［＝哲学的な］認識は諸概念へと完全に基づい
ている」(VePM, S. 165) と述べることで，たんなる感覚的認識や数学的認識から
の「哲学的な諸認識」の差別化を図る．そして，「これらの諸概念は，通常にお
いて思考されているのと同じように，はじめは不明瞭な仕方で経験によって把
握されることしかできない」(ibid.) と指摘して，哲学の出発点を，経験におい
て「混乱した仕方で思考された個別的なもの」(ibid.) のうちに見いだす．その
うえで，フリースは自らの立場について，「カントがいくつかの箇所ではっき
りと述べているように，形而上学がそこからのみ出発しうる第一の探究は，必
然的に，背進的方法にしたがい，たんなる分析に基づくのでなければならな
い」(VePM, S. 164f.) と述べて，自らの立場を，「背進的方法 (regressive Methode)」
(ibid.) ないし「分析的方法 (analytische Methode)」(VePM, S. 176) のうちに見定め
る．この「背進的方法」とは，「個別的なものからより一般的なものへと，結果
からその次の根拠へと遡って上昇していく方法」(SM, S. 99) を指すものであり，
その根底に一貫して認められるのが，「あらゆる人が哲学的な認識を所有して
おり，思考すべてにおいて日常的に適用している」(SM, S. 89) という根本洞察
である．このようにフリースは，「背進的方法」ないし「分析的方法」の採用と
ともに，その思想形成を開始することとなる．

　他方で，「心理学と形而上学」の段階においては，「超越論的批判［＝フリース
自身の立場］は，［…］その分析的方法のもとで，通常の経験 (gemeine Erfahrung)
の立場から出発する」と述べられており，哲学の扱う対象が，「通常の経験」と
いう形で定式化されるにとどまっている．そして，この「通常の経験」を「分
析する」ことによって，「哲学的な諸認識」が獲得されると考えられている
(Vgl. VePM, S. 176)．なお，この立場は，『ラインホルト・フィヒテ・シェリン
グ』にも引き継がれることとなる．[(3)]

1.2.「心理学と形而上学」の批判対象——対立軸としての「知的直観」の設定

　以上のように，「心理学と形而上学」の段階においては，フリースは「背進的

方法」という自らの根本的立場は確立しつつも，哲学の扱う対象については
「通常の経験」という定式化をするにとどまっている．それゆえこの段階では，
フリースは自らの立場を「批判主義」であると標榜しつつ，もっぱら「独断論
(Dogmatismus)」との相違へと注意を向けることによって，同時代の思想からの
自身の立場の差別化を図っている (Vgl. VePM, S. 157f.)．ここでフリースが「独
断論」という表現によって想定しているのが，最高原理から出発して下位の諸
原則を導出するという哲学的方法を取る立場であり，このような方法をフリー
スは「前進的方法 (progressive Methode)」あるいは「綜合的方法 (synthetische
Methode)」と総称したうえで (Vgl. VePM, S. 189)，この方法を採用する哲学者の
典型を，とりわけラインホルトおよびフィヒテの立場のうちに認めようとする．
そして，この中でも，フィヒテに対する批判が，フリース自身の立場を際立た
せる上での主要な対立軸として，後の『ラインホルト・フィヒテ・シェリン
グ』および『新理性批判』におけるフィヒテ批判へと引き継がれてゆくことと
なる．フリースは，フィヒテの立場に認められるべき「綜合的方法」を支える
手段を，「知的直観」という論点のうちに集約させることで，フィヒテに対す
る批判を展開する．フリースは，フィヒテの立場を，「内的な知的直観を助け
とすることによって，自我の概念からすべての哲学体系を導出するということ
をしてみせた」(VePM, S. 196) ものであると総括したうえで，以下のように述べ
る．

　　このようにしてフィヒテは，実際にもその知識学において，内的自然の形
　　而上学との類比にしたがって，制限された (beschränkt)，内的に活動的な
　　存在者 (自我) の概念から出発する．そして，内的な知的直観を助けとする
　　ことによって，そこからすべての哲学体系を導出するという，思い切った
　　ことをやったわけである．／ラインホルトにとっての直接的な意識と同じ
　　ように，フィヒテにとっての知的直観は，内的な知覚に基づいた経験的な
　　諸概念を，哲学的なものとして導入するための助けとなるものであった．
　　しかし，我々の内的直観は，感性的なものであり，決して知性的

(intellektuell) なものではない．[…]「制限された内的活動は，制限するもの
を，非我を前提とする」というのは，内的自然の形而上学の命題にほかな
らない．(VePM, S. 196)

　この「心理学と形而上学」においてフィヒテに言及がなされる際には，「フ
ィヒテの知識学において」(VePM, S. 196) と名指しされるに留まり，具体的な出
典は記されていない．しかし，3年後に出版された学位論文「知的直観につい
ての哲学論文」においては，同じく知的直観が問題とされたうえで，フィヒテ
を批判する際の典拠として，1794/95年の『全知識学の基礎』(DPI, p. 1)，1797
年の『知識学への新叙述の試み』(DPI, p. 19) がおもに挙げられている．このう
ち，フィヒテの1797年の『知識学への新叙述の試み』においては，フィヒテ自
身の立場が「知的直観」(GA I/4, S. 278) というキーワードによって特徴づけら
れている．フリースは，自らの哲学方法論の立場からフィヒテの立場を捉え返
すことによって，『知識学への新叙述の試み』で明言された「知的直観」という
キーワードのうちに，その批判の論点を集約したうえで，それを「綜合的方
法」という方法論的枠組みに結びつけたフィヒテ理解を展開しているのだと考
えられる[4]．なお上記のような，フィヒテ批判の論点を「知的直観」に集約しよ
うとする姿勢は，『新理性批判』以降もひきつがれることとなる[5]．
　以上のように，「心理学と形而上学」の段階においては，フリースは自らの
立場の力点を「背進的方法」のうちに見いだしたうえで，その対立軸として，
おもにフィヒテの「知的直観」を批判の対象とすることによって，自身の立場
の確立を図っている．そして，この着眼点が，フリースの最初期の思想形成に
おける対立軸をなしていることがうかがわれる．

2　『新理性批判』の立場とその批判対象

2.1.　『新理性批判』における哲学方法論の精緻化

　これに対して，『新理性批判』の段階になると，哲学方法論が一層の精緻化
を遂げることとなる．第一に，哲学の対象が，たんなる「通常の経験」ではな

く，「日常的な生活における通常の諸判定 (Beurteilungen)」のうちに同定される
こととなる (Vgl. NKV, II, S. 14, SM, S. 91). この「諸判定」は，諸表象の間に想定
されるべき「因果的連関」や「実体性」のような，たんなる感性的直観には含
まれていない諸表象の関係を，すでに含んでいるとされており，この点におい
て，たんなる感性的直観や感覚的所与からは区別される (Vgl. NKV, II, S. 14). ま
た，この「諸判定」は，哲学的な諸認識を「意識」へともたらすためのたんな
る形式にすぎない「論理的な判断 (Urteil)」からも区別される (Vgl. NKV, I, S. 188).
このような哲学の扱う対象の精緻化によって，哲学の課題もまた，「諸判定」
の「分析」を通じた，それらの「諸判定」すべての一般的な諸前提となるべき
「哲学的な諸認識」の発見というかたちで定式化されることとなる(6).

　以上のような哲学の対象の精緻化にともなって，それに対する「分析」とい
う操作の内実に対しても，より踏み込んだ検討が行われることになる．その結
果，フリースの哲学において重要な位置を獲得するのが，「哲学的な諸認識」
の発見のための手段としての，「抽象 (Abstraktion)」という概念である．「心理
学と形而上学」においては「抽象」という概念にはほとんど言及されていなか
ったのに対して，『新理性批判』においては，その冒頭において「[哲学の] 場合
には，すべては統制された鋭敏な抽象に懸かっている」(NKV, I, S. Xf) と明言さ
れ，「抽象」という操作のうちに，フリース自身の哲学の手段が同定されるに
いたる．この観点からフリースは，「抽象」という操作のあり方を，「量的抽象
(quantitative Abstraktion)」(あるいは「綜合的抽象 (synthetische Abstraktion)」とも呼ば
れる) と，「質的抽象 (qualitative Abstraktion)」(あるいは「分析的抽象 (analytische
Abstraktion)」) の二種類へと区別する (NKV, I, S. 233). 前者の「量的抽象」とは，
ある表象の諸部分を捨象することで「全体の表象」を取りだす手続きであり，
その具体例としてフリースが挙げるのは，人間の集団から個人間の差異を捨象
することで成立する「フランス人達」「ドイツ国」のような表象，あるいは何ら
かの形象から輪郭以外の諸要素を捨象することで成立する「特定の形について
の表象すべて」，そして，「抽象的にみられた空間と時間という表象」などであ
る (NKV, I, S. 234). これに対して「質的抽象」とは，ある個別の性質を一般的

徴表として分離することで「部分表象」を取りだす手続きを指す$^{(7)}$．そしてフリースは，「この分析的抽象［＝質的抽象］によって，諸表象は外延と内包の関係を受けとるため，実際のところ分析的抽象は，我々に諸概念を与えることを通じて，論理的な表象様式の最も確固たる形式のための導きとなる」(NKV, I, S. 234f.) と指摘して，哲学の概念形成において「質的抽象」が果たす役割の重要性を強調したうえで，従来の哲学においては，この二つの抽象の区別が見落とされており，本来は「空間と時間」(NKV, I, S. 234) のような特殊な表象にしか適用されえない「量的抽象」という操作が，哲学の概念形成において不当に適用されてきたと主張する．このような「抽象」のあり方の区別に関するフリースの洞察は，フリースの哲学方法論の具体的な適用と，それを通じた体系の構築が行われる段階である，『新理性批判』の第二巻において，各々の論点に即して応用されることとなる．

　なお，この二種類の「抽象」の区別という着想そのものは，『ラインホルト・フィヒテ・シェリング』においてもすでに認められる．『ラインホルト・フィヒテ・シェリング』では，「質的抽象」が「アリストテレス的抽象」と呼びかえられ，「量的抽象」が「プラトン的抽象」と呼びかえられたうえで，フリース自身の立場に対する対立軸が「プラトン主義者 (Platoniker)」(RFS, S. 236) と総称される．そして，この「プラトン主義者」の思想は，「量的抽象」を不当に使用することによって成立したものであると指摘されたうえで，カント以降の哲学におけるその典型例として，フィヒテ (RFS, S. 236) やシェリング (RFS, S. 238) の思想が取り上げられている．

　しかし上述のように，『ラインホルト・フィヒテ・シェリング』では，哲学の対象がまだ「通常の経験」にとどまっており，『新理性批判』のように哲学の対象を「諸判定」のうちに見いだすには至っていない．それゆえ『ラインホルト・フィヒテ・シェリング』の段階では，このような「抽象」に対する踏み込んだ言及は，あくまでもフィヒテやシェリングに対する批判のための論点として提出されているにとどまり，まだフリース自身の哲学方法論の内部において，その具体的な場所をもつとは言い難い．フリースの方法論において，この「抽

象」という方法が初めてその位置価を獲得するのは，『新理性批判』の段階である．それゆえ，『新理性批判』において初めて，「抽象」を軸にすえたシェリング批判が，フリース自身の哲学方法論の体系的な脈絡のなかで，フリースの議論のなかに組み込まれるようになったと考えられる．

　以上のような経過を経て，『新理性批判』においては，哲学の課題が，「与えられた個別的なものより上位に存する一般的なものを，抽象と分析を通じて，呈示する」（NKV, I, S. 321）という定式化を獲得することになる．

2.2. 『新理性批判』の批判対象——「抽象」を軸とした批判

　以上のような哲学方法論の展開は，フリースが自説を展開する際の批判の対象にも転換をもたらすこととなる．すなわち，フリースの当初の着眼点であった「背進的方法」に加えて，「抽象という手段の用いられ方」という観点が，自らの哲学方法論の立場を構築するうえでの論点となる．これにともなって，「抽象」という概念を軸にした，同時代の哲学者に対する批判が，フリース自身の哲学のうちに新たに場所を占めるようになる．そして，この『新理性批判』の段階において，批判の主軸としての位置を占めるのが，シェリングの哲学である．前述のように，シェリングの瑕疵を「抽象」に見いだすという着眼点そのものは，『ラインホルト・フィヒテ・シェリング』の段階ですでに部分的に見てとられたが，この着眼点が『新理性批判』においては，フリース自身の哲学的立場の叙述と結びつけられて展開されることとなる．

　哲学方法論という視座からの，フリースのシェリングに対する批判が最も顕著に現れているのは，『新理性批判』第一巻の 63 である．本箇所は，「哲学的な諸認識を，抽象を通じて意識へともたらす」というフリース自身の方法論が確認されている箇所であり，以下のようにして叙述が進められている．まず 60 以下で，「抽象」という操作が主題とされて，上述した「抽象の種類」（NKV, I, S. 233）の分類が行われる．これを受けて，「抽象」という手続きの担い手が改めて「反省[8]」のうちに見いだされたうえで，「哲学的な諸認識」は「抽象によってはじめてそれ自体として我々に意識される」（NKV, I, S. 234）という点が再確認

される．これを踏まえたうえで，63 において，「自らのもつ［哲学的な］諸認識を，それが直接的に理性のうちに存しているあり方のままに，その完全な再意識化へともたらす」(NKV, I, S. 252) ための適切な方法，すなわち哲学における正当な「抽象」の用いられ方という問題へと，焦点が当てられる．

　このような議論構成のなかで，フリースが批判対象として挙げるのが，シェリングの立場である．フリースは，自らの方法論的立場に立って，「それゆえシェリングの推論は——これによって，ア・プリオリな認識とア・ポステリオリな認識という認識の区別が拒絶されたといわれるが——，不当なものである」(NKV, I, S. 253) と批判的に指摘したうえで，「我々は反省の助けによってのみ，必当然的な法則［＝哲学的な諸認識］そのものを抽象的な仕方で認識できる」(ibid.) という自らの立場の再確認を行う．そのうえで，シェリングの立場は「抽象」という手続きを不当な仕方で用いることによって成立したものであり，この「反省」のプロセスにおいて重大な瑕疵を含んだものであるとフリースは評価する．

　この観点からフリースは，シェリングの立場は，「［正当な］反省という回り道に代えて，絶対的な直観によって学問を形成しようとする」(NKV, I, S. 253) 態度に陥ったものであると指摘する．前述のように，フリースは，「抽象」のあり方に区別を設けたうえで，そのあり方の混同のうちに，フリース以前の哲学の瑕疵を見いだしていた．このフリースの立場からみると，「絶対的同一性と無差別」(NKV, I, S. 207) に代表されるシェリングの哲学的原理は，「抽象」を不当な仕方で用いることによって，人間の認識の有限性という観点から見て，我々の認識の対象とはなりえないような原理を，哲学的思索の出発点として独断的に措定するものであるといえる．このことをさらに別の角度から定式化すると，このシェリングの立場は，哲学の概念形成の手続きにおいて不当な手段を持ち込むことによって，カントの批判主義の最大の力点でもあった「論弁的認識と直観的認識の区別」(NKV, I, S. 260) を度外視するものにもなっている．このことは結果的に，フリースからみると，人間には持ちえないような「直観」——ここの表現を借りれば「絶対的直観」——に訴えているのと同じ立場に陥った

ものであるといえる．そして，以上のようなシェリングに対する批判を経て，続く箇所において，「我々が哲学に至るために用いるのは徹頭徹尾，最高次の抽象および反省である」（NKV, I, S. 254）という，フリース自身の立場が再確認されるとともに，そのより詳細な規定が再確認されることとなる．

　以上のように，『新理性批判』の立場になると，「抽象の用いられ方」という論点および，それを軸にした同時代の哲学者に対する批判が，フリース自身の哲学のうちに場所をもつようになり，その相手として，シェリングの立場に照準が合わせられるようになる．このシェリングに対する批判は，この「抽象」という方法論の具体的な適用が行われる段階である，『新理性批判』の第二巻において，多岐にわたる論点のもとで大量に出現することとなる．このように，「背進的方法」という自らの出発点を確立するに際しては，フィヒテに対する批判がフリースにとって意義を有する反面，「抽象」という方法論の具体的な適用という局面にあたっては，自らの立場を確立するための対立軸として，シェリングの立場に対する批判が前景化するにいたったと考えられる．

ま　と　め

　本稿では，フリース自身の哲学方法論の展開との関わりから，フリースによる批判対象の変遷に対するアプローチを行った．まず，このフリースの思想が対立軸として設定している批判相手は，最初期から主著へと至るにつれて，フィヒテからシェリングへと重心を移行させていることを確認した（本稿「はじめに」）．このような観点から本稿では，時期に応じたフリースの立場の変遷に着目することによって，フリースの批判対象が変遷を遂げている理由に見通しをつけることを試みた．

　「心理学と形而上学」をはじめとした最初期の立場においては，フリースは自身の思想の力点を「背進的方法」ないし「分析的方法」のうちに認めており（本稿1.1），この立場から自らの対立軸をフィヒテの「知的直観」のうちに見いだしていた（本稿1.2）．これに対して，『新理性批判』の段階になると，「分析」の対象が「経験」から「諸判定」へと精緻化されるとともに，「分析」の内実と

しての「抽象」の役割が重視されるようになった（本稿2.1）．この観点からフリースは，「抽象の用いられ方」という観点から自らの思想の対立軸を設定し，その具体的な批判相手をシェリングのうちに見いだそうとしていた（本稿2.2）．

　以上のような，フリースによる「フィヒテからシェリングへ」という批判の軸の移行は，フリースの没後に成立した二つの「フリース学派」の間の相違にも結びついている．19世紀中頃にE. F. アーペルトによってもたらされた最初の「フリース学派」は，おもに『新理性批判』以降の自然哲学の思想を重点的に受容する立場にたつものであり（Vgl. Apelt [1847], S. 6），もっぱらシェリングの自然哲学を自らの対立項として設定することとなる（Vgl. Apelt [1847], S. 4f.）．これに対して，20世紀初頭に成立した「新フリース学派」のネルゾンは，「心理学と形而上学」に代表される最初期のフリースの哲学方法論を重点的に受容して，形而上学から倫理学に至る各分野の土台として発展させてゆくが（Vgl. Nelson [1908], S. 313ff.），フリースの哲学を叙述するに際しては，おもにフィヒテとの相違に重点を置いたうえで，フィヒテの立場を「知的直観」として特徴づけるとともに（Vgl. Nelson [1908], S. 257ff），フッサールをはじめとした同時代の哲学者に対しても，この「知的直観」という論点を用いた批判を展開している（Vgl. Nelson [1908], S. 130ff）．このように，フリースの批判対象の時期に応じた変遷は，後世における学派間の態度の相違にも反映されることとなるのである．

注

(1)　この点の詳細については，太田 [2017] を参照のこと．

(2)　フリースの文献は，いまだに批判的校訂版すら出版されていない状況にあるが，「心理学と形而上学」は伊語や仏語などの各国語訳が存在しており，フリース研究において特に重視されてきた文献であるといえる．

(3)　この「背進的方法」ないし「分析的方法」の詳細については，太田 [2016]，5頁以下を参照．

(4)　『知識学への新叙述の試み』に先立つ『全知識学の基礎』においては，「知的直観」という言葉は用いられていない．ただし美濃部 [2000] をはじめとした先行研究においては，『全知識学の基礎』の立場もまた事実上の「知的直観」に基づくものであることが指摘されている（cf. 美濃部 [2000]，2頁以下）．

(5)　Vgl. NKV, I, S. XXI, XXXVII, 84, 194ff., 205f.,

(6)　この点の詳細については，Oota［2019］，p. 94f. を参照.

(7)　『新理性批判』においては，この「質的抽象」の具体例は挙げられていないが，『ライ
　　ンホルト・フィヒテ・シェリング』では，具体例として，「人間」「徳」「黒い」などの表
　　象が挙げられている（RFS, S. 236）. これらは，「黒い有徳な人間」という一つの表象か
　　ら取りだされうる部分表象であるという点において，「質的抽象」の具体例として妥当
　　する.

(8)　フリースにおける「反省」の意味については，太田［2016］，15頁以下を参照.

文献表

一次文献（引用は以下の略号にしたがう）

VePM: Jakob Friedrich Fries, „Ueber das Verhältnis der empirischen Psychologie zur Metaphysik", in: *Psychologisches Magazin, hrsg. von Carl Christian Erhard Schmid, Band III*, Jena: im Cröckerschen Verlag, 1798.

DPI: Jakob Friedrich Fries, *Dissertatio Philosophica de intuitu intellectuali*, Jena: Typis prageri et soc. 1801.

NKV, I–III: Jakob Friedrich Fries, *Neue Kritik der Vernunft, Band I–III*, Heidelberg: Wohr und Zimmer, 1807.

SL: Jakob Friedrich Fries, *System der Logik. Ein Handbuch für Lehrer und zum Selbstgebrauch*, Heidelberg: Wohr und Zimmer, zweite Auflage, 1819.

SM: Jakob Friedrich Fries, *System der Metaphysik. Ein Handbuch für Lehrer und zum Selbstgebrauch*, Heidelberg: Christian Friedrich Winter, 1824.

GA: Johann Gottlieb Fichte, *Gesamtausgabe der Bayerieschen Akademie der Wissenschaften*, hrsg. von R. Lauth, H. Jacob und H. Gliwitzky, Stuttgart-Bad Cannstatt.

二次文献

Apelt, Ernst Friedrich. ［1847］: „Vorrede", in: *Abhandlungn der Fries'schen Schule*, hrsg. von Apelt, Schleiden, Schlömilch und Schmid, Verlag von Wilh. Engelmann: Leipzig, S. 3-6

Nelson, Leonard. ［1908］: *Über das sogenannte Erkenntnisproblem*,Vandenhoeck & Reprecht: Göttingen.

Oota, Tadahiro. ［2019］: "Jakob Friedrich Fries as an Opponent of German Idealism" in: *Anti/Idealism: Re-interpreting a German Discourse*, edited by Juliana Albuquerque, Gert Hofmann, De Gruyter: Berlin/Boston.

太田匡洋．［2016］:「J. F. フリースにおける「理性批判」の方法」,『PROLEGOMENA: 西洋近世哲学史研究室紀要』, Vol. 7.2, 1-21 頁.

─────．［2017］:「J. F. フリースにおける「哲学」の概念と方法──「心理主義的カント解釈」というフリース像の再検討にむけて──」,『哲学論叢』, 第 43 号, 53-64 頁.

田端信廣．［2019］:『書評誌に見る批判哲学──初期ドイツ観念論の展相──』, 晃洋書房.

美濃部仁．［2000］:「フィヒテにおける自己と絶対者」(京都大学博士論文).

＊本研究は, JSPS 科研費 20J01538 の助成を受けたものです.

【書　評】

湯浅正彦著『絶対知の境位　フィヒテ知識学読解への誘い』 （立正大学文学部学術叢書06）

KADOKAWA, 2020 年

岡田勝明

Katsuaki OKADA

どこまでも知的読解を貫くことにおいて，かえって「知識学的哲学魂」の琴線と響き合うことを心底から求める，そのようなフィヒテの研究書に出会えた喜びを，まず述べておきたい.

本書は以下の三部構成になっている.
「第一部　絶対知の境位——『知識学の叙述（一八〇一／一八〇二）』の読解のために」,「第二部　知の危機について——『意識の事実（一八一〇／一八一一）』の読解のために」,「第三部」では本書主要テーマの補論として，『第二序論』,『人間の使命』の第二部,「統覚の演繹」（カントへのフィヒテの対応）が取り扱われている.

第一部について……「知」の「自己透入」の意味

第一部における，『知識学の叙述』という，前期の知識学から後期に展開される知識学の「火花」となる著作の読解は，「イェーナ期では「自我性」と呼ばれていたものを「絶対知」と称して主題化する」ことへと収斂する. しかしここで「収斂する」とは，ある確定的立場（たとえば絶対者を捉えた絶対知というあり方）を取る，ということではない. フィヒテの「絶対知」という用語は，とくにヘーゲルのそれや，またシェリングが理解したものとは，質的に異なる. フィヒテの「「知識学」とは「絶対知」の自己透入そのもの」であり，「まさに「絶対知」の境位への到達」であるという著者の言葉は，そのことを端的に語っている. 以下この点を焦点にして，本書の内容を見ておきたい.

　「物自体」を深層においた「存在」と，われわれの内にある「知」という捉え方で，「存在と知」は，一般には理解されている．しかしカントをくぐって出てきた「知識学」においては，「存在と知」は，「見る」という働きにおいて現象しているものに他ならない．「見る」とは，「知の形式」また「知の自由」，つまり「反省」（ただし「絶対的反省」）である．フィヒテにおいてそれは「自覚」の事柄であり，その核心はだから「自我性」と言われ，したがって「内性Innerlichkeit」と言ってよく，その状態が「光」と名指される．

　知を超えた絶対者そのものを捉えるために，知は知を超えて高まることはできない．それゆえ最初から「知識学」は，著者の指摘するように「「知識学」という「知」に具わる「有機的な統一」が，「知識学」を「言葉で叙述する」，あるいは「講義する」ことに対してもたらすアポリア」と，さらに「知識学は絶対者から出発することはできない」という根源的事態との，知の本質に関する二重の難題の前につねに立ってきたのである．

　「眼は眼を見ない」と，フィヒテもシェリングも語っている．著者が言うように，「知識学」は「知を超えたところまで行くことはけっしてないのであり」，しかしだから「絶対知から出発しなければならない」のである．

　外なる超越者を，直接に見ることはできない．しかし，内なる自己の，「知る」という働きを成り立たせている「自己意識（自我）」には届くはずである．にもかかわらず，統一する意識も「働くもの」であって，自己の内にあって超越性を本質とする．しかしそれは「内在的超越性」であり，自己の内なる「自己」を，その圏域内におさえたものが「絶対（的自覚）知」と言ってよいであろう．「絶対知」と名付けられるのは，意識のアポリアを通り抜けて，知の根拠となっているものだからである．

　フィヒテは，語っている．「「知識学」とは，「多くの認識でも，体系でも，諸命題を結合したものでもない．そうではなく，どこまでもただ，唯一にして不可分の眼差しである」，また「それはわれわれの対象ではなく，われわれの道具であり，われわれの手であり，われわれの足であり，われわれの眼である．いや，眼ですらなく，眼の明瞭さであるにすぎない」と．

　生そのものを対象化すれば，そこで見られるものは，すでに生ではない．見るという生の働きの只中にあって，いかに「見る」という事実が見届けられるのか，ということが，「知識学」の問題的境域世界である．この境域で動く「知識学」の足跡が示すものは，「「知」が——知識学へと高まりつつ——己の究極の根拠として「絶対者」を解明していく在り様を究明する」ことであると著者は，端的に言い切っている．

　眼が「見る」という働きの中で，自己自身の内なる「見ること」へと「透入する（sich selber innigst durchdringen）こと」の「透明化（明るさ）」が，「眼の明瞭さ」であろう．そのような「明るさ」においてなされる「自我（das Ich）」についての究極的究明は，かえって見ることのできない「絶対者」を反射させることになる．「知識学を営むかぎりでのわれわれの立脚点となるものこそが「絶対知」にほかならない」のだが，その「知」は，知として絶対的である「絶対知」であって，どこまでも知の消失ではなく，知の生成を担う．「自己意識の根底に「概念的把握不可能なもの」が看取されていく様」という著者の語り方に，注目しなければならない．

　「自己自身に透入する（das sich Durchdringen）」ことの「明るさ」は，「光」の状態である．「「光」とは，〈見るもの〉が〈見られるもの〉をまさに「見ること」を成り立たせる媒体」であると筆者は読解している．その「光」の「自覚」としての「絶対知」，あるいはその働きとしての「知的直観」とは，「勝義においては，無限に多くの「見方」を立てつつ，その間の区別と関係を見通しながら，そうした「見方」のすべてにおいて一挙に見る活動である」と，「知的直観」は解明される．このような知的直観が成立するのは，知の本質が「知に現象する存在と知の相互透入」であるところにある．

　ところで「für sich」は「対自」と読まれるが，ドイツ語の用法では「それ自身だけで」という意味にもなる，すなわちいわば「von sich」と同義的にとれる．さらにそれなら「durch sich」へと意味を広げることも可能である．つまり，「das In」の成立する契機の内に，「für／von／durch」を読み取ることができる．「内」と「外」との関連を示す点は「für」の契機によるが，その要素も

「in」の内に読み取れると思う.

　著者は,知の自由を「für sich seyn」,知の存在を「in sich seyn」と読んで,両者,すなわち知と存在との相互透入を「das innere Sehen」としている.この著者の読解する「das innere Sehen」を著者の意図にそってさらにはっきり示すために,それを「das In-Sich」(「自覚知」)と見て,その要素としての契機を上に述べたように「von, durch, für sich」と読みこむことが付け加わってもよいであろう.そのことで,「知識学の境位」とは,同時に「「自己」の境位」となることに他ならないことが,鮮明に明示されるからである.

　「「知識学」とは「絶対知」の自己透入そのもの」であって,根本的には「「絶対知」の境位への到達」,同時にそのことと一つに結びついた「自己の境位」それ自身を意味する.「自己知」であるものを読解することは,内側からその知に成ることによらねばならないからである.そのような「哲学」において有ることは,「生」を外に見るのではなく,「知識学を生き,行ない,営む」ことを意味する.

　著者の「das innere Sehen」を,上に述べた「das In-Sich」と解釈することによって,「絶対知の境位」は,「知識学」を生きる我々自身の境位と一つであることがさらに明確となる.「絶対知の境位」が「知識学」であり,哲学する「自己」もその境位に立つことが「哲学」となり,そのような仕方で哲学する自己を見極める「自己の哲学」が「知識学」であることを,本書『絶対知の境位』というタイトルは,真正面から告げている,と筆者は本書を読解している.

第二部について……「知識学」の孕む「危機」

　ついで本書第二部では,「「知」にまつわる危機的な状況を根源的に解明し,それへの対処の途」が,探られる.

　『意識の事実(一八一〇/一八一一)』は,「知の自由」が発現する「自然史」を講義することで,フィヒテ的に理解される「思惟」による考察は,「われわれの自我と世界の在り様」の根拠へと遡源され,そのことで「知識学」も根拠づけられる,という道を歩む.フィヒテの著作として興味深いのは,この講義にお

いて，知を担う自我，実働する自我，個体としての諸自我の共同体，人倫的世界等が，たどられていることである．「知識学」当初の「非我」をめぐる難問は，諸自我の場面で問題把握の手がかりが改めて与えられる．

さて「「知」にまつわる危機的な状況」とは，知が自由を根拠とするということは頽落の可能性につねにさらされている，ということである．「知の（自己）開示／隠蔽」と，著者はそのことを表現している．

知の危機は，さらに根源的には，絶対者自身は絶対的存在である，すなわち一切のものから超越していることに由来する．「「絶対者」が「概念的把握不可能」＝「不可解」であることから，その像たる諸現象の異他性（不可解さ・割り切れなさ！），ひいては多様性が発生する」と，著者は述べる．さらに次のように指摘される，「まことに「絶対者」とは〈不可解さ・割り切れなさの根源〉でなくして何であろうか．われわれのそれぞれがこの世界のうちの生活において直面する諸々の不可解と，それゆえの危機の淵源，こそは「絶対者」なのではあるまいか」．

この言葉は，なにゆえ「知識学」に響き合うことを求めているかという，著者の哲学魂の懊悩の根ざすところを見せてくれる．

絶対者が絶対であるがゆえに，それは底なく不可解である．しかもその絶対性によって同時に，すべてが「絶対者の映像」とみなされざるを得ない．そのような「論理的構築の壮大な作業」は，じつは「論理的構築をもてあそぶ空疎な思弁なのではあるまいか」という疑念について，著者自身が自らに問いかけている．その「知識学」に向けられる根底的な疑念に対して，著者は自ら次のように述べている．「世界の不可解さに撃たれる時機（とき）」，「危機に立つ」ことになるが，そのときこそ，「誰しも，その「不可解さ」のまさしく不可解なる淵源に思い致さざるをえないであろう」．「危機のとき」こそ，「危機の淵源」が露呈する．その露呈に「己の人生を賭して哲学した」のがフィヒテであり，著者のようにフィヒテと同じような「危機の感受性」をもつものは，「その思索の跡を敬慕しつつ辿り直さざるにはいられない」．「像」であることを「覚悟をもって引き受けつつ生きる」ことが，「そうした危機への対応として，かろう

じて著者が考え出すことができることである」という言葉で，本書の本論は閉じられる．

　なお第三部の「補論」では，とくに「統覚の演繹」についての所論が興味深い．カントでは，『純粋理性批判』や『実践理性批判』をふまえた『判断力批判』が，難解であることもあって，その意義がなお充分に解明され切っていない面があるだろう．しかし「生産的構想力」の問題が，「知識学」成立の前提的底流の理解としてあるはずである．「知」を「絶対者の像」とする立場も，そこに初発しているにちがいない．この問題を考えてみるうえで，「統覚」理解への示唆が，筆者には刺激的であった．

終わりに……「無」との出会いと「知識学」

　限られた分量で筆者なりの本書の読解を述べねばならず，叙述が飛躍的になってしまったが，そのように飛躍せずにいられなかったのも，本書の持つ魅力による．ことに「自覚性」を強調した読解も，適切であったかどうか，「批判」の余地がとうぜんある．

　ただ次の一点だけ最後に言及しておきたい．「「知」の危機」という事柄である．そこにフィヒテが，「近代的「無」」のすぐそばに立っていた，という問題が腹蔵されているのではないか．「危機」をそのように見ることで，シェリングやヘーゲルとの関係の見方も，従来とは異なる視野が開ける．さらに言えば，西田哲学との，「場所」についての角度の異なる関連性も，得られるのではないか．

　もっとも「現代」という問題意識からは，そのような関心は「時代遅れにしてむしろ不適切」という受け取り方もある．しかし「現代」という時代の底を割ると，そのような問題意識がかえって新しく見える側面も出てくるのではないだろうか．たとえば AI 技術（ある種のニヒリズムを秘める）に対して，「知識学」はどうこたえることができるか，という問いを立てれば，その問いに根底的に答えるための手がかりが，そこに見出せる．ただし時代をもとに戻すのではな

く，改めて新たに潜り直すことで，新局面の光の中で新しい「知識学的鉱脈」を掘り出すためである．

　ある意味本書の独自の魅力が，その魅力ゆえに，かえってフィヒテ研究者のみに閉じられたものと見る受け取り方もできる．しかし「一人」が輝くことがなければ，普遍的な光に同調することはない．「一人」を，他者へとまた他の哲学へと，同調する光りへひらくものは，著者の「危機意識」のなかに明瞭に看取できる．

　そのひらけへの問い方の一つを，最後に蛇足であるがふれてみた．

【独文要旨】

Zusammenfassungen

Eine Vernunft außer uns

Yoshinori KATSUNISHI (Sapporo)

Der Zweck der vorliegenden Abhandlung ist es, die wesentliche Struktur des Ich als Prinzip mittels einer Lektüre der *Wissenschaftslehre nova methodo* (1798/99) zu erörtern und zu klären, warum Fichte das Ich als Individuum betonte und eine Aufforderung seitens des Anderen annehmen mußte. Dabei liegt ein besonderes Augenmerk auf dem Begriff „einer Vernunft außer uns".

Das Ich in der *Wissenschaftslehre nova methodo*, das durch Handlungen die Tatsachen des Bewußtseins vollständig offenbaren und dadurch gleichzeitig die Segmentierung der Welt vollständig offenbaren will, muss die Beschränktheit mit der Bestimmbarkeit verbinden, um seine Handlungen als freies Übergehen zu verstehen, die „Übergehen von der Bestimmbarkeit zur Bestimmtheit" sind. Und um sich selbst frei beschränken zu können, ist es notwendig, dass die ursprüngliche Beschränktheit des Ich oder des Willens als Übergehen zur Individualität vom „höchsten Bestimmbaren" des reinen Willens verstanden wird. Wenn hier das individuelle Ich nur als teilweise Verwirklichung des reinen Willens verstanden würde, wäre Fichtes Behauptung nicht vom Spinozismus zu unterscheiden. Durch die Vorstellung, dass das individuelle Ich das Bewusstsein hat, dass es von einem andern vernünftigen Wesen unseresgleichen aufgefordert wird, ist der Standpunkt gesichert, aus dem das Selbst vom Anderen, dem Ganzen sowie dem Absoluten unterschieden wird. Das individuelle Ich kann nur existieren, indem in ihm der Mangel ist, mit anderen Worten, indem es „ein höheres unbegreifliches Wesen" als sein wesenhaftes Moment annimmt.

„Ein höheres unbegreifliches Wesen" kann als „eine Vernunft außer uns" umschrieben werden. Dies ist nicht „das Individuum außer uns," es ist kein konkretes Anderes, das mit uns in eine Intersubjektivität einginge. Das individuelle Ich kann nur dann seine eigene Vorstellung haben, wenn es ein höheres Vernunftwesen annimmt. Die Erscheinung dieses höheren Wesens kann nicht auf einen anderen Menschen eingeschränkt werden noch kann es als das Absolute bezeichnet werden.

Die Synthese von reinem Willen und Aufforderung in Fichtes *Wissenschaftslehre nova methodo*

Masafumi SAKURAI (Kyoto)

Wie müssen bei Fichte der reine Wille und die Aufforderung durch den anderen aufeinander bezogen sein, damit ein Individuum aufgrund des reinen Willens wirklich handelt? Dieser Frage wird anhand einer Untersuchung von Fichtes Theorie des Willens in seiner *Wissenschaftslehre nova methodo* (1798/99) nachgegangen.

Zunächst wird der grundlegende Rahmen von Fichtes Willenstheorie geklärt und gezeigt, dass der reine Wille als ein intelligibles und praktisches Vermögen allem Handlungsbewusstsein zugrunde liegt und dass für die Verwirklichung des reinen Willens die Reflexion auf ihn unerlässlich ist. Im zweiten Teil wird untersucht, ob und inwieweit ein Bewusstsein der Aufforderung durch den anderen auf die individuelle Handlung einwirkt. Es wird gezeigt, dass das Individuum im Bewusstsein des Aufgefordertseins ein anderes vernünftiges Wesen notwendig annimmt und insofern die Annahme des anderen Ich eine Bedingung der Möglichkeit von Selbstbewusstsein ist. Der dritte Teil klärt die Synthese von reinem Willen und Aufforderung und Fichtes Verständnis der Willkürfreiheit. Grundsätzlich bleiben der kategorische Imperativ des reinen Willens, absolut frei zu handeln, und die Aufforderung des anderen, ein Mitglied des Vernunftreichs zu sein, als die Bedingungen der Möglichkeit von Handlungsbewusstsein. Damit die Bedingungen in das wirkliche Handeln aufgenommen werden können, müssen der reine Wille und die Aufforderung vermittelst der freien Willkür des Individuums zur Einheit gebracht werden.

Als Ergebnis ist festzuhalten, dass die absolute Freiheit des reinen Willens als Norm die Willkürfreiheit des Individuum a priori bedingt und dass das Individuum sich zur Verwirklichung der Handlung mit seiner freien Willkür auf den reinen Willen und die Aufforderung durch den anderen reflexiv beziehen soll.

Die innere Diskussion im Deutschen Idealismus
——Über die Erscheinung des Absoluten——

Masahiro YAMAGUCHI (Tokio)

Fichtes Thema in seiner späten Wissenschaftslehre war die „Erscheinung". Der Ansatz dazu war die Ansicht und Beurteilung des Begriffs der absoluten Indifferenz in Schellings *Darstellung meines Systems der Philosophie* (1801). Es sei dort nicht erklärt, wie die Differenz aus der absoluten Indifferenz abgeleitet werde. Eschenmayer stellte früher eine ähnliche Frage an Schellings Naturphilosophie. Durch die Frage, wie die Natur als die unendliche Produktivität, natura naturans, die endlichen Produkte erzeugen kann, glitt Schelling in den Dualismus und konnte diesen schließlich nicht überwinden.

Hegel wurde von der Unzulänglichkeit der Antwort Schellings auf diese Frage zu seiner *Differenzschrift* motiviert. Aber in dieser Schrift war er Schelling wohlgewollt und versuchte, im Kontrast zu Fichte Schellings Eigentümlichkeit hervorzuheben. In seinem Schellingverständnis war der Gedanken enthalten, daß das Absolute erscheint. Dagegen kritisiert Eschenmayer erneut Schelling und zeigt den Defekt des „Systems" auf. Als Antwort darauf verfaßt Schelling *Philosophie und Religion* (1804) und erklärt den Hervortritt des Endlichen aus dem Absoluten als „Abfall".

Infolge des Atheismusstreits (1798-99) verließ Fichte Jena nach Berlin, die Uneinigkeit mit Schelling feststellend hielt Privatvorlesungen und äußerte Kritik an Schellings Identitätsphilosophie. In den Vorlesungen 1804 zeigte er dann den Entwurf eines neuen Systems der Transzendentalphilosophie, welche aus der

Wahrheitslehre und der Erscheinungslehre, nämlich der Darstellung der Prozesse des Aufsteigens zum Absoluten und des Absteigens zu dessen Erscheinung, bestehen sollte. Noch dazu in der Vorlesung in Erlangen (1805) formulierte er die These „Das Absolute existiert" und behauptete ferner 1811 „Das Absolute erscheint".

Fast gleichzeitig damit entwarf Hegel seine Idee der „Wissenschaft der Erfahrung des Bewußtseins" und in der *Phänomenologie des Geistes* (1807) den Gedanken vom erscheinenden Absoluten, mit dem er Schellings Begriff der absoluten Identität als die Nacht, in der alle Kühe schwarz sind, kritisierte, wodurch die seit Tübinger Zeiten bestehende Freundschaft beider zerbrach und Schelling statt Fichte isoliert und von kritischen Meinungen umgeben dastand.

Dagegen stellte Schelling „die positive Philosophie" auf, um die bisherige „negative Philosophie" zu überwinden, und setzte seine Kritik an Hegel lebenslange fort, was die Frage aufwirft, wo man die Vollendung des Deutschen Idealismus finden soll.

So gesehen spielten die Diskussionen um die Erscheinung des Absoluten nach der Jahrhundertwende eine zentrale Rolle und förderten die Entwicklung des Deutschen Idealismus nicht als einen einfachen geradlinigen Fortschritt, sondern als komplexe Wechselwirkungen.

Dieses Symposium wurde geplant, um in dieser Hinsicht die Diskussionen zwischen Fichte, Schelling und Hegel zu vergleichen, ihre Konstellation festzustellen und möglicherweise zu einer kubischen, sprich mehrdimensionalen Darstellung der Geschichte des Deutschen Idealismus beizutragen. Zu diesem Zweck wurden die Fichte-, Schelling- und Hegelforscher Nobukuni Suzuki, Mitsuki Asanuma und Akira Hayase gebeten, ihre neuesten Forschungen vorzustellen. Dadurch wird klar, daß die gegenwärtigen Forscher eine gemeinsame Tendenz in der Interpretation der damaligen Philosophien, besonders hinsichtlich der Beziehung zwischen ‚Denken' und ‚Sein', haben.

Das Absolute und seine Erscheinung in der WL1804(2)

Nobukuni SUZUKI (Tokio)

„Phänomen" und „Phänomenologie" sind die zwei Schlüsselbegriffe, die die zweite Hälfte der WL1804(2) am typischsten charakterisieren. Sie waren gewissermaßen Worte, die bei Fichtes Zeitgenossen in Mode waren. Diese suchten daher nach neuen Wegen, diese Worte für die Gestaltung ihrer eigenen philosophischen Bestrebungen zu verwenden. Wahrscheinlich stark beeinflusst von Reinhold, kamen diese Schlüsselwörter in dieser WL auf und führten zu einem drastischen Strukturwandel in der Reihe der WLen, die mit dieser begann.

Die einzigartige Verwendung von „Phänomen Erscheinung" liegt im Fall von „Urerscheinung" oder „das Absolute erscheint". Diese findet sich entscheidend in der Wende von der ersten Hälfte dieser WL („Wahrheitslehre") zur zweiten („Erscheinungslehre"). Erstere verfolgt die Aufgabe der Rückkehr der Vielfachheit des Wissens zur Einheit und ergibt die Idee des „In-sich-geschlossenen Seins", insbesondere um die ideologische Selbsttäuschung im Prozess der philosophischen Reflexion zu vermeiden. Die Frage hier ist, wie es diese geschlossene Struktur ermöglicht, als Erscheinung aufzutreten.

In diesem Artikel möchte ich erstens Fichtes Gebrauch dieser Begriffen anhand einer kurzen begriffsgeschichtlichen Entwicklung mit besonderem Augenmerk auf Reinhold nachzeichnen. Zweitens analysiere ich, wie Fichte einige Methodenbegriffe in der Wahrheitslehre wie „Licht" oder „Vonsich" in der Erscheinungolehre umgestaltete, um dabei die besondere Funktion des Erscheinungsbegriffs herauszuarbeiten. Die Struktur dieser WL bedarf, dies ist meine These, eines besonderen Gebrauchs des Erscheinungsbegriffs, der die epistemologische Distanz zwischen Realismus und Idealismus oder Jenseits und Diesseits des Wissens in sich beinhaltet, um die selbsttäuschende Behandlung der Wahrheitsinstanz in der Erscheinungslehre zu vermeiden und dabei doch noch der Erscheinung ihre Geltung zu lassen.

Die Theorie der Phänomenalisierung in der Spätphilosophie Schellings: Eine Kritik des semantischen Idealismus

Kouki ASANUMA (Kyoto)

Ab der *Darstellung meines Systems der Philosophie* (1801) an heißt die Schellingsche Philosophie, die sogenannte Identitätsphilosophie, die Philosophie des Absoluten. Nach Hegel liegt ihre größte Schwäche im Verhältnis zwischen dem Absoluten und seiner Erscheinung. In seiner *Phänomenologie des Geistes* (1807) hat Hegel einen Versuch zur Überwindung dieser Schwäche unternommen. Traditionelle Interpretationen haben *Über das Wesen der menschlichen Freiheit* (1809) als Schellings erste Antwort auf die Kritik Hegels angesehen. Dennoch ist ihr Sinn nicht klar zu erkennen, soweit man immer bei der *Freiheitsschrift* bleibt. Wenn man ferner auch die Spätphilosophie Schellings als ganze in Betracht zieht, stellt sich heraus, dass das Verhältnis zwischen dem Absoluten und seiner Erscheinung für ihn kein peripheres Problem ist.

Wie antwortet Schelling auf die Frage nach der Phänomenalisierung des Absoluten? In dieser Arbeit möchte ich mit Hilfe von Wolfram Hogrebes Buch *Prädikation und Genesis* (1989) seine letzte Antwort darauf darstellen. Es wird sich finden, dass die Schellingsche Theorie der Phänomenalisierung eine Theorie der Prädikation ist, die zugleich auch eine Kritik des semantischen Idealismus ist.

Das Absolute und das System des Wissens
——Der Begriff der ontologischen Freiheit als Grundlage des systematischen Wissens——

Akira HAYASE (Kyoto)

In dieser Abhandlung versucht der Verfasser, eine logische Entstehung des Wissens oder der Wissenschaft überhaupt in Hegels Philosophie aus dem Standpunkt von der „Erscheinung des Absoluten" her zu interpretieren. Der Ansatz zu diesem Versuch findet sich in der Frage, wie die Kreislaufstruktur, die die Abgeschlossenheit der Wissenschaft fordert, möglich ist.

Die Schwierigkeit der Frage ergibt sich als Problem der Möglichkeit, der Negation des Begriffs, die den Anfang mit dem Sein ermöglicht, ihre angemessene Stelle in der Logik zuzuweisen. Diese Möglichkeit würde sich auch in Form der Frage darstellen, ob das Anfangen, das die Bewegung zum Anfang als Sein ist, eine logische Bewegung innerhalb der Logik sein kann.

Aufgrund eines vermuteten Einflusses neuplatonischer Philosophie auf Hegels Metaphysik und einer offensichtlichen Verbindung der Hegelschen Logik mit dem Johannesevangelium macht der Verfasser einen Vorschlag der Interpretation der Logik Hegels: seine Logikkonzeption hat einen Begriff des Absoluten in sich, das durch die anfangende Bewegung an den Anfang gelangen will.

Dieses Absolute könnte man nur in einem analogischen Sinne bestimmen, wenn man überhaupt von einer Bestimmung reden dürfte. Der Verfasser will einen Anhaltspunkt dazu im Begriff der Freiheit suchen, der im ontologischen Sinne verstanden wird. Entsprechend wird das Absolute als dasjenige gedeutet, das sich nur in seiner Beziehung auf das Andere allein auf sich beziehen kann. Dies wird als eine doppelte Bewegung bestimmt, die zum Wissen kommt und ihm immanent ist, zugleich aber auch über das Wissen hinübergeht und ihm transzendent ist. In diesem Absoluten ist das Erscheinen mit dem Freisein von gleicher Bedeutung.

Fichte-Studium beim jungen Schopenhauer: Fokussierend auf *System der Sittenlehre.*

Takao ITO (Tokio)

In seiner Studentenzeit an der Universität Berlin (gegen 1812) hat Arthur Schopenhauer Fichtes Werke intensiv gelesen. Vor allem kann man *System der Sittenlehre* (1798) zu den wichtigsten Schriften zählen, welche Schopenhauers Denken tief beeinflusst hat. In meinem Aufsatz wird ein Entstehungsprozess der frühen Philosohie Schopenhauers nachvollzogen, indem seine Kommentare über jenes Werk mit dem Originaltext Fichtes verglichen werden.

1) Fichte behauptet: „Ich finde mich selbst, als mich selbst, nur wollend". Auf

dieser Ansicht basierend betrachtet Schopenhauer den Begriff vom „Ich" unter den zwei Aspekten: ein „Erkennendes" und ein „Wollendes". Nach Schopenhauer ist nur das „Wollen" erkennbar als ein Objekt, weil „ich mich mir doch nicht als das Denkende denken [kann]".

2) Fichte spricht auch: „Ein Wollen ist ein absolut freies Uebergehen von Unbestimmtheit zur Bestimmtheit, mit dem Bewusstseyn desselben". Zu dieser Behauptung kommentiert Schopenhauer folgendermaßen: „Die Freiheit des Willens könnte man nennen eine Freiheit des *Nichtwollens*". Schopenhauer stellt diese Freiheit als die „Fähigkeit der Vernichtung des Ganzen Eigenwillens" dar.

3) Der „sittliche Trieb" gebietet, nach Fichte, „kategorisch", indem dieser Trieb von dem Naturtrieb „die Materie, aber auch nur als solche, und keineswegs als einen zu verfolgenden Zweck erhält, und von seiner Seite ihm [d. i. dem Naturtrieb] die Form giebt". Ähnlich dieser Ansicht sagt Schopenhauer, dass nach der Vernichtung des Eigenwillens „mein Individuum" gar nicht mehr handelt, sondern es das „Werkzeug eines nennenbaren, eines ewigen Gesetzes" ist.

Jeder der obengenannten drei Punkte wird in den späteren Werken Schopenhauers übernommen, d. h. *Ueber die vierfache Wurzel des Satzes vom zureichenden Grunde* (1813) und *Die Welt als Wille und Vorstellung* (1818 / 1819).

4) Ein großer Ansichtsunterschied findet sich jedoch zwischen den beiden Philosophen. Nach Fichte „lautet das formale Gesetz der Sitten so: handle schlechthin gemäss deiner Ueberzeugung von deiner Pflicht". Bei Schopenhauer ist das Sittengesetz hingegen nur für ein „Verhältnis" zwischen einem „Wollen" und seinem „Objekt", aber nicht für den „Willen" an sich, d. h. nicht für die Frage: ob man jenes Objekt will oder nicht. Dieser Ansichtsunterschied über die gültige Sphäre des Sittengesetzes wird wohl ein Grund gewesen sein, welcher Schopenhauer später von der Philosophie Fichtes entfernt hat.

Die Entwicklung der Methode der Philosophie bei J. F. Fries:
Mit Rücksicht auf die Kritik der Philosophie Fichtes und Schellings

Tadahiro OOTA (Tokio)

Die vorliegende Abhandlung behandelt die Entwicklung der Methode der Philosophie bei Jakob Friedrich Fries (1773-1843) mit Rücksicht auf den Wechsel seiner Kritikgegenstände. J. F. Fries ist ein Philosoph des frühen 19. Jahrhunderts, der als Gegner des sogenannten „Deutschen Idealismus" bekannt ist. Der große Einfluss seiner Philosophie kann in der Entstehung der zwei Fries'schen Schulen gesehen werden.

Der Umriss des Fries'schen Standpunkts der philosophischen Methode erschien bereits in seiner ersten philosophischen Abhandlung „Ueber das Verhältniß der empirischen Psychologie zur Metaphysik" (VePM) aus dem Jahr 1798. In dieser Abhandlung skizziert Fries die Methode der Philosophie, indem er den Charakterzug seines Standpunkts durch Kritik an der Philosophie Fichtes auszeichnet. Damit findet man den Zentralpunkt der Ausbildung der Fries'schen Philosophie in seiner frühsten Periode in der Konfrontation mit der Philosophie Fichtes. Aber in seinem Hauptwerk *Neue Kritik der Vernunft* (NKV) aus dem Jahr 1807 findet Fries dagegen seinen hauptsächlichen Kritikgegenstand in der Philosophie Schellings.

Von diesem Gesichtspunkt aus versucht die vorliegende Abhandlung, den Grund des Wechsels des Kritikgegenstands von Fries in der Entwicklung der Methode der Fries'schen Philosophie zu finden. In VePM identifiziert Fries den Ausgangspunkt seiner Philosophie mit dem „Standpunkt der gemeinen Erfahrung", findet darin die Aufgabe der Philosophie, durch die Zergliederung der „gemeinen Erfahrung" die philosophischen Erkenntnisse zu finden, und bezeichnet diese Methode als „analytische Methode" oder „regressive Methode". Gleichzeitig bezeichnet er die „synthetische Methode" oder „progressive Methode" als gegenteiligen Standpunkt seiner Philosophie und benennt Fichte als dessen Hauptvertreter.

Dagegen präzisiert Fries in NKV die Methode seiner Philosophie und identifiziert deren Ausgangspunkt mit dem „Standpunkt der gemeinen Beurteilungen im täglichen Leben". Dadurch findet er darin die Aufgabe der Philosophie, die philosophischen Erkenntnisse aufzudecken, die die „allgemeinen Voraussetzungen" unserer „gemeinen Beurteilungen" ausmachen. Von diesem Gesichtspunkt aus erkennt er die Methode seiner Philosophie in der Zergliederung dieser „Beurteilungen" durch „Abstraktion" und betont damit die Rolle der Abstraktion in der Philosophie. Daher rückt in NKV die Art der Abstraktion ins Zentrum der Betrachtung.

【報　告】

日本フィヒテ協会会務報告

Die Tätigkeitsbericht der Japanischen Fichte-Gesellschaft

鈴木伸国

Nobukuni SUZUKI（Tokio）

2020年8月現在 会員101名（一般会員85名，国内特別会員3名，海外特別会員13名）

1）委員会

第70回委員会（2019年11月24日，於：上智大学）

第71回委員会（2020年5月16日〜5月22日 インターネット上の遠隔会議形式（メール稟議）で開催）

第72回臨時委員会（2020年8月21日 インターネット上の遠隔会議形式（Zoom）で開催）

2）第35回大会

2019年11月24日（日），上智大学で第34回大会が開催され，以下のように一般研究発表，テクスト研究，シンポジウムが行われた.

〈一般研究発表〉

「若きショーペンハウアーの「フィヒテ研究ノート」について」

　伊藤貴雄

　司会：杉田孝夫

「J. F. フリースによる哲学方法論の展開

　　――フィヒテ批判との関わりから―」

　太田匡洋

　司会：田端信廣

〈テクスト研究〉

総合テーマ「新しい方法による知識学」

　提題者：

　　勝西良典（藤女子大学）「イェーナ時代後期の知識学における他我の概念」

　　櫻井真文（同志社大学）「『新しい方法による知識学』における一人称的観点」

　司会：中川明才

〈シンポジウム〉

総合テーマ「ドイツ観念論の内部論争――絶対者の現象を巡って――」

　提題者：

　　鈴木伸国「1804年第二回講義における絶対者と現象」

　　浅沼光樹「後期シェリングの現象論」

　　早瀬明「絶対者の現象性――体系知の根底にある存在論的自由――」

　司会：山口祐弘

Die 35. Tagung der Japanischen Fichte-Gesellschaft （24. Nov. 2019, Sophia Universität）

〈Referat〉

Takao ITO（Tokio），Fichte-Studium beim jungen Schopenhauer, fokussierend auf System der Sittenlehre.

Tadahiro OOTA（Tokio），Die Entwicklung der Methode der Philosophie bei J. F. Fries, mit Rücksicht auf die Kritik der Philosophie Fichtes und Schellings

〈Textstudie〉

„Wissenschaftslehre nova methodo„

Yoshinori KATSUNISHI（Sapporo），Eine Vernunft außer uns

Masafumi SAKURAI（Kyoto），Die Synthese von reinem Willen und Aufforderung in Fichtes Wissenschaftslehre nova methodo

Leitung: Akitoshi NAKAGAWA （Kyoto）

〈Symposium〉

Die innere Diskussion im Deutschen Idealismus — Über die Erscheinung des Absoluten —

Nobukuni SUZUKI（Tokio），Das Absolute und seine Erscheinung in der WL1804（2）

Kouki ASANUMA（Kyoto），Die Theorie der Phänomenalisierung in der Spätphilosophie Schellings. Eine Kritik des semantischen Idealismus

Akira HAYASE（Kyoto），Das Absolute und das System des Wissens — Der Begriff der ontologischen Freiheit als Grundlage des systematischen Wissens —

Leitung: Masahiro YAMAGUCHI （Tokio）

３）フィヒテ協会賞

2019年度，本賞，奨励賞ともに該当者なし．

日本フィヒテ協会役員（2019年度〜2021年度）

Vorstand der Japanischen Fichte-Gesellschaft（2019-2021）

会長：美濃部仁
Präsident: Hitoshi MINOBE
常任委員：大橋容一郎，岡田勝明，杉田孝夫
Geschäftsführender Vorstand: Yoichiro OHASHI, Katsuaki OKADA, Takao SUGITA

委員：入江幸男，勝西良典，加藤泰史，木村博，久保陽一，隈元泰弘，清水満，鈴木伸国，田端信廣，中川明才，

日本フィヒテ協会規約
Satzung der Japanischen Fichte-Gesellschaft

1985年 5 月19日	制　定	1996年11月16日	一部改正	2013年 4 月27日	一部改正
1987年11月15日	一部改正	1998年 5 月17日	一部改正	2013年11月24日	一部改正
1988年12月 4 日	一部改正	2002年12月 8 日	一部改正	2014年11月23日	一部改正
1989年 5 月13日	一部改正	2005年12月 3 日	一部改正	2016年11月 6 日	一部改正
1993年 4 月 1 日	一部改正	2006年11月18日	一部改正	2020年 5 月22日	一部改正
1994年11月11日	一部改正	2007年11月17日	一部改正		
1996年 5 月18日	一部改正	2010年11月22日	一部改正		

第1条　本会は日本フィヒテ協会と称する.

第2条　本会はフィヒテ哲学を中心とした思想の研究を推進し, 会員相互の研鑽をはかることを目的とする.

第3条　本会は前条の目的を達成するために, 次の事業を行なう.
1 学会・研究会・講演会等の開催.
2 機関誌『フィヒテ研究』の発行.
3 ドイツ連邦共和国その他のフィヒテ研究機関との交流.
4 その他必要な事業.

第4条　本会は以下の各項に該当する者をもって会員とする.
1 会員—フィヒテの思想に関心を有する研究者及びこれに準ずる者
2 賛助会員—本会の趣旨に賛同する者
3 特別会員—外国在住のフィヒテ研究者並びに本会の活動に長年貢献した委員

第5条　本会の運営は会費・寄付金その他の収入による.

第6条　会員は年会費7,000円を納入するものとする. ただし, 常勤の職にない会員は, 6,000円とする.

第7条　本会は次の役員を置く.

会　　長	1名
常任委員	3名
委　　員	約20名
会計監査	2名
幹　　事	若干名

第8条　委員及び会計監査は会員の間から選出し, 会長及び常任委員は委員の間から互選する.
委員会は必要に応じて, 若干名の委員を委嘱することができる.

第9条　幹事は会員中より会長が若干名を委嘱し, 委員会の承認を得るものとする.

第10条　会長は本会を代表する. 常任委員は委員会の常務を掌る.
委員は委員会を構成し, 本会の運営について協議決定する.
会計監査は年一回会計を監査する. 幹事は本会の事務を行なう.

第11条　役員の任期は三年とし, 重任を妨げない.
ただし, 会長の任期は連続二期を限度とする.

第12条　本会は日本フィヒテ協会編集委員会および日本フィヒテ協会賞選考委員会を置く. 各委員会の規程は別に定める.

第13条　本会の事務局は2020年 4 月より 3 年間東京都千代田区紀尾井町7-1上智大学文学部鈴木伸国研究室に置く.

第14条　本規約の変更は日本フィヒテ協会委員会の決議による.

『フィヒテ研究』研究論文投稿・査読規程

Richtlinien für Manuskripte

1993年 5 月23日　制　　定	2012年 4 月21日　一部改正	
1995年11月11日　一部改正	2013年 4 月27日　一部改正	
1996年 5 月18日　一部改正	2013年11月24日　一部改正	
1997年 5 月24日　一部改正	2014年11月23日　一部改正	
1999年11月20日　一部改正	2015年 5 月 9 日　一部改正	
2010年 5 月16日　一部改正	2016年 4 月23日　一部改正	
	2017年 4 月23日　一部改正	

日本フィヒテ協会編集委員会

1　投稿応募者は日本フィヒテ協会の会員であること.

2　投稿論文はフィヒテ思想に関わる未発表の創作論文であること.

3　原稿はワープロで，35字28行の14ページ以内（題目・氏名・文末注を含む）とする，そのほかにドイツ語の要旨 A4版 1 ページ（約3000Anschläge 相当），ドイツ語要旨の日本語訳，以上を原則として，MS-Word ファイルまたは MS-DOS テキストファイルの形で，編集事務局宛に E-メールで添付ファイルとして提出すること.

4　フィヒテ全集からの引用略号は次の通りとする.

　アカデミー版　表記例：GA I/3, 123

　I. H. フィヒテ版　表記例：SW Ⅶ, 234

5　投稿締切は毎年 3 月末日とする.

6　投稿応募論文の機関誌への掲載の可否は，編集委員会から委嘱された複数の査読委員の査読報告に基づいて，編集委員会が審査決定し， 6 月末日までに投稿者宛に通知する.

　　日本フィヒテ協会編集事務局：

　　大阪大学大学院文学研究科　舟場保之研究室

　　〒560-8650　大阪府豊中市待兼山町1-5

　　Tel. 06-6850-6109（直通）

　　funacho@let.osaka-u.ac.jp

編 集 後 記

Redaktionelle Anmerkungen

『フィヒテ研究』第28号をお届けいたします.

巻頭には，3回目となった「テクスト研究」の論考（勝西良典氏，櫻井真文氏）が掲載されております．今回取り上げられたテクストは，『新しい方法による知識学』(*Wissenschaftslehre nova methodo*) でした．両論考とも，大会当日の質疑応答を踏まえた力作となっております．次に，シンポジウム「ドイツ観念論の内部論争——絶対者の現象をめぐって——」に関する総括（山口祐弘氏）と提題をもとにした論考（鈴木伸国氏，浅沼光樹氏，早瀬明氏）が続きます．シンポジウムのタイトルにふさわしく，フィヒテ，シェリング，ヘーゲルの見地からの絶対者をめぐる議論がそれぞれ展開され，ドイツ観念論の内部論争を直接経験できる仕掛けが施されております．また今号には，公募論文が2本掲載されております．いずれも，フィヒテ周辺の哲学者がフィヒテをどのように読解しているかを明らかにしながら，フィヒテ哲学に迫るすぐれた研究論文です．これらに続けて，湯浅正彦氏の労作『絶対知の境位　フィヒテ知識学読解への誘い』の書評（岡田勝明氏）が掉尾を飾ります．

昨年暮れから本格化し始めたCOVID-19感染拡大の影響のもと，これまでの生活が一変せざるを得ない状況のなかで，以上の通り，今号も充実した内容を備えております．末筆ながら，この状況下においても変わることなく編集作業のサポートを行っていただいた晃洋書房の福地成文氏には心より感謝申し上げます．

2020年10月1日　　　　　　　　　　　　　　　編集委員長　舟場 保之
Yasuyuki FUNABA

124

日本フィヒテ協会事務局

上智大学哲学科
鈴木研究室
郵便番号　102-8554
東京都千代田区紀尾井町7-1
Tel. 03-3238-3826
E-Mail J.G.Fichte.JP
　　　　@gmail.com
URL　http://fichte-jp.org/
振込口座　01030-2-65776

Japanische-Fichte-Gesellschaft

Geschäftsstelle: Prof. Suzuki
　　　　　(Sophia Universität)
Kioicho 7-1, Chiyodaku, Tokio, 102-8554 Japan
Tel.　03-3238-3826
E-Mail J.G.Fichte.JP@gmail.com
URL　http://fichte-jp.org/
Postgirokonto　01030-2-65776

フィヒテ研究　第28号 2020年

2020年11月10日　発行　　　　　定価 本体 2000 円（税別）

編　集　フィヒテ研究編集委員会

発　行　日本フィヒテ協会

発　売　株式会社　晃 洋 書 房
　　　　郵便番号 615-0026　京都市右京区西院北矢掛町7
　　　　電　話 075(312)0788　ＦＡＸ 075(312)7447
　　　　振替口座　01040-6-32280

©Japanische Fichte-Gesellschaft 2020　　　ISBN978-4-7710-3417-4

Redaktion：　Redaktionsausschuss der Japanischen
　　　　　　　Fichte-Gesellschaft
Herausgeber：Japanische Fichte-Gesellschaft
Verlag：　　　Koyo Shobo

Saiin-Kitayakakecho 7, Ukyoku, Kyoto, 615-0026 Japan
Tel. 075(312)0788, Fax 075(312)7447, Postgirokonto 01040-6-32280